AF277792

Vicente Merlo

Plenitud y vacuidad

Una filosofía intercultural

editorial Kairós

© 2025 Vicente Merlo

© de la edición en castellano:
2025 Editorial Kairós, S.A.
Numancia 117-121, 08029 Barcelona, España
www.editorialkairos.com

Diseño cubierta: Editorial Kairós
Imagen cubierta: Nia Na
Fotocomposición: Florence Carreté
Impresión y encuadernación: Litogama. 08030 Barcelona

Primera edición: Marzo 2025
ISBN: 978-84-1121-342-4
Depósito legal: B 2.941-2025

Este libro ha sido impreso con papel que proviene de fuentes respetuosas
con la sociedad y el medio ambiente y cuenta con los requisitos necesarios
para ser considerado un «libro amigo de los bosques».

A ti, Elías-Ananda, querido hijo,
celebrando todo cuanto hemos vivido juntos,
en las alturas y en las profundidades,
compartiendo este camino de realización,
y de plenitud radiante. Con todo mi amor.

Sumario

1. Introducción

Ya nadie duda de que la humanidad se encuentra ante una grave encrucijada. Cada vez vamos siendo más conscientes de los múltiples peligros que nos acechan, incluida nuestra propia supervivencia. Nos hallamos ante una crisis poliédrica. No nos cansamos, o quizás ya sí, de ver enumerados los serios riesgos a los que nos enfrentamos. Se ha dicho que estamos en una «era del vacío» (Lipovetsky), en una «postmodernidad líquida» (Zygmunt Bauman), en la que las estructuras tradicionales y modernas que sostenían nuestras relaciones y actividades se han desmoronado, en una «sociedad del cansancio» convertida en «sociedad del enjambre» (Byung-Chul Han)… Estamos en la Era de la Open AI y el chat GPT, en una crisis climática sin precedentes, al borde de una tercera guerra mundial, en un mundo en el que las injusticias y las desigualdades, lejos de desaparecer, no hacen más que acrecentarse.

Sin embargo, creemos que, sin negar lo anterior, tomándonos en serio aquello tan repetido de que toda crisis es también una oportunidad, hay «signos de esperanza». Acaso el cansancio nos obligue a realizar un nuevo esfuerzo, la sensación de vacío se trueque en sentimiento de plenitud, el final sea tan solo el de un tiempo, un ciclo, una edad de hierro, un Kali-yuga, una Noche galáctica, y al mismo tiempo el comienzo de un nuevo ciclo, una edad de oro, un Satya-yuga, un Día galáctico. Quizás la toma de conciencia de su inhumanidad nos conduzca al final de todas las guerras, y las injusticias y las desigualdades comiencen a reducirse de verdad, y la salvación consista en volvernos no transhumanos, sino verdaderamente humanos.

Para ello será preciso vencer el escepticismo y el nihilismo que recorren nuestras venas postmodernas. ¿En qué consistiría esta profunda transformación? De momento podríamos decir que exige una revisión radical de nuestro modo actual de concebir el pensamiento y de encarar la experiencia. Quizás los conceptos mismos de razón y de experiencia tengan que ser replanteados y ampliados. Eso es lo que queremos pensar aquí.

2. Del parricidio platónico a la posible resurrección del padre parmenídeo

Todavía en el siglo XX, Martin Heidegger, uno de sus más grandes pensadores, seguía preguntándose qué significa pensar. Él, que se había erigido ya en uno de los más influyentes maestros en el arte del pensamiento. Quizás el pensar tenga algo que ver con lo que los griegos llamaron *logos*, término para el que se impuso, ante todo, la traducción de «razón», aunque sabemos que era una razón estrechamente unida al lenguaje, a la palabra. Y acaso esa logificación de la razón, que ha dominado la filosofía occidental, no sea la única manera de expresarse el *logos*.

La cabeza visible del templo filosófico occidental ha sido siempre Platón. Ya en él, y antes en Anaxágoras, asistimos al uso del término *nous*, generalmente traducido como «inteligencia». Ahora bien, Platón, escribiendo a comienzos del siglo IV a.C. distinguió entre lo que podemos llamar dos actos de la inteligencia: la *nóesis* y la *diánoia*, que podríamos traducir como inteligencia intuitiva e inteligencia racional, respectivamente. No se trata ya de un conocimiento sensible, de los objetos del mundo perceptible por los sentidos físicos, sino de un conocimiento intelectual, que se ocupa de «objetos» suprasensibles. Las matemáticas sirven de modelo de ese proceso racional de la inteligencia, pero el conocimiento supremo, para Platón, iniciador de nuestros maestros del pensar occidentales, consiste en un acto de aprehensión intelectual de las realidades primordiales, arquetípicas, suprasensibles, que se hallan fuera del espacio y el tiempo. Esto es lo propio de la *nóesis*, el acto por excelencia del *nous*, de esa inteligencia que sería, también poco después, para su díscolo discípulo, lo más divino que hay en el ser humano, lo que nos hace semejantes a los dioses.

El *logos* como razón y lenguaje, la inteligencia discursiva, se expresa por primera vez en nuestra historia, de manera brillante, «a través de» los *diá-logos* de Platón.

Platón tuvo dos «padres», filosóficamente hablando. El más conocido, Sócrates, presente en buena parte de sus *Diálogos* como interlocutor principal, y el «padre» más misterioso, respecto al que se vio obligado a cometer «parricidio», intelectual claro está. Mucho antes de que Freud hablara del significado psicológico de «matar al padre», para convertirse en adulto psicológicamente, Platón habló de parricidio como modo de alcanzar la madurez intelectual y expresar la propia visión de las cosas.

Este segundo «padre» no es sino Parménides de Elea. Con él retrocedemos hasta el siglo VI a.C. Lo que nos interpela aquí es la pregunta de hasta qué punto el maestro Platón al matar a Parménides y dar nacimiento a la filo-sofía facilitó la muerte de la sabiduría que previamente se había expresado en algunos presocráticos, entre ellos Parménides. ¿Acaso no pasamos demasiado rápidamente por los nombres de Orfeo, de Pitágoras, de Heráclito, de Parménides incluso, en nuestras historias de la filosofía, para llegar rápidamente a Sócrates y Platón? ¿Son los anteriores tan solo «pre-socráticos»? ¿Quizás porque estaban todavía demasiado atados a un lenguaje mítico? ¿Acaso no hemos decidido ya, ilustradamente, que el mito es el lenguaje de la ignorancia, de la fantasía? ¿Tienen algún sentido esas narraciones fabulosas que divinizan las fuerzas de la naturaleza y no saben explicarnos «racionalmente» la naturaleza y las causas de los fenómenos? Pero ¿y si re-descubriéramos, una vez más, el poder del simbolismo en que se expresa el mito? Quizás el mito y su lenguaje simbólico nos den qué pensar.

Ahora bien, el Parménides al que dirigimos nuestra atención no es el Parménides lógico de: «el ser es y el no-ser no es», que provoca la sonrisa del estudiante de filosofía. Es el Parménides que narra su viaje mítico en su célebre *Poema*, conducido por las doncellas, hijas del Sol, hasta «la diosa» que amablemente le da la bienvenida. ¿Será acaso Perséfone, Proserpina, y el viaje de nuestro héroe un viaje iniciático a lugares innombrables? En cualquier caso, la diosa le expone la vía de las opiniones de los mortales y la vía que conduce al «inalterado corazón de la persuasiva Verdad».

¿Puede acaso el pensador ser también profeta, mago, místico o incluso sanador? ¿No es esta la noción de *iatromantis* que podría aplicarse a Parménides?[1]

***

En tiempos de Parménides y ya siglos antes en la India antigua, encontramos la figura del *rishi*, del que se ha dicho que era simultáneamente sabio, profeta y poeta, vidente de aquello que podía más

---

1.   Cerca de esta visión se encuentra Peter Kingsley, de quien puede verse su *En los oscuros lugares del saber*, Atalanta, Girona, 2006. Allí leemos: «Un *iatros* es un sanador; un *iatromantis* es un sanador de una clase muy especial: es un sanador que, al mismo tiempo, es profeta, un hombre que cura a través de la profecía» (pág. 103). «Un *iatromantis* era alguien que podía dominar su estado de conciencia» (pág. 105).

tarde expresar poéticamente, mántricamente. Los *rishis* upanishádicos y ya antes los *rishis* de los himnos védicos establecieron los
fundamentos de lo que más tarde el Occidente moderno llamaría
«tradición hindú», allí donde su autocomprensión prefería decir
sanatana dharma. La visión del vidente sería la contemplación
del Orden (*Rta*), la Ley (*Dharma*), la estructura cosmoteándrica
(por utilizar esta expresión acuñada por R. Panikkar) que se halla más allá del Espacio y el Tiempo. *Sanatana* puede traducirse,
justamente, por «eterno» o «atemporal». Sí, como las Verdades
(el término Ideas, aunque lo pongamos en mayúscula, confunde
hoy) de Platón, aquellas que habitan en el mundo inteligible, el
kosmos noetós, inapresable por nuestros sentidos, pero intuible a
través del «ojo del alma», que es el *nous*, la inteligencia que hemos
llamado «intuitiva», en sentido técnico de «intuición intelectual»
a cargo de la inteligencia transracional. ¿Tendrá esto algo que ver
con «el inalterado corazón de la persuasiva Verdad?

Y hablando de Perséfone, ante quien quizás fue conducido
Parménides, pensemos en Plutón (el viejo Hades, sí), arquetipo de
la muerte y la transformación, pues no hay mejor compañero que
él para la necesaria «transformación de la filosofía», ya no en el
sentido de K. Apel u otros, sino a modo de resurrección del padre
parmenídeo de Platón, de la figura del sabio, el *rishi*, adaptado a
nuestro tiempo, quizás no solo pensador profundo, sino también
profeta, mago, místico y poeta.[2]

---

2.   Acaso algo así estaría pensando Kingsley cuando se atreve a decir: «La filosofía
      había sustituido al amor por la sabiduría, que se había hecho atractiva y accesible
      para el espíritu curioso. Y lo que en otros tiempos exigiera una entrega completa
      se fue convirtiendo gradualmente en un pasatiempo para los aficionados a jugar
      con juguetes» (o.c., pág. 182).

3. Más acá de la religiosidad tradicional, la vieja metafísica, el positivismo moderno y el cientificismo contemporáneo

Soy consciente de que algunas expresiones pueden sonar a los oídos modernos o hipermodernos –como a veces se denomina la postmodernidad– a religiones antiguas o a viejas metafísicas. No es la idea cuando tratamos de plantearnos qué significa pensar y qué tipos de experiencia tenemos a nuestro alcance. No hace falta compartir el positivismo decimonónico de A. Comte, el neopositivismo de la Escuela de Viena o el cientificismo de mediados del siglo XX para desmarcarse de los dogmatismos de las tradiciones religiosas clásicas, incluso de las metafísicas racionalistas modernas.

Quizás hayan caducado no solo las religiones tradicionales y su noción de revelación sobrenatural, apuntaladas por las teologías dogmáticas y las metafísicas especulativas que entronizaban la razón tras milenios de haber sido subordinada a la fe religiosa institucionalizada y estrecha, sino también los positivismos y cientificismos que se empeñaron en reducir la Razón y el Saber a razón empírico-positiva y a razón científico-experimental.

¿Y entonces qué nos queda?, podríamos preguntarnos. ¿Una respetable y fecunda, pero ya oxidada fenomenología más o menos hermenéutica o un pensamiento débil derrotado ante el fracaso de las grandes narrativas? ¿O acaso no nos queda más remedio ya que aceptar la pertenencia a la época de la postverdad?

Si no es así ¿qué tipo de pensar, de razón estamos proponiendo? ¿Qué tipo de experiencias podrían abrir algún claro en el bosque de la confusión en el que se halla la humanidad actual?

Quizás necesitemos revisitar la casa del lenguaje, reformarla, repensarla para elaborar algo… no diré «nuevo», pero sí que pueda orientarnos en la búsqueda de un sentido, puede incluso que de un gran sentido.

4. ¿Tiene algo que decirnos la experiencia upanishádica?

«El concepto sin intuición es vacío, la intuición sin concepto es ciega», insistía Kant, sin duda otro de los grandes maestros del pensar, ya en el Occidente moderno y en la madurez de la Ilustración. La ciencia, tras Galileo y Newton, alcanzaba un prometedor esplendor en el siglo XVIII. Y Kant se vio inmerso en ese reconocimiento a la razón científica y se preguntó si la filosofía podría entrar en el seguro camino de la ciencia. Sabemos que su respuesta fue negativa. La razón científica unía experiencia (y en el mejor de los casos «experimento») y razón. Experiencia que partía de un conjunto de intuiciones sensibles que afectaban nuestra sensibilidad y quedaba comprendida por una serie de conceptos, dependientes de una tabla de categorías como conceptos puros, fundamentales para toda comprensión, para todo pensar. De este modo, su crítica a la razón especulativa («la razón pura») estaba servida. Por mucho concepto que pensáramos, por muy sofisticada que fuese nuestra casa lingüística, sin la intuición sensible no proporcionaba más que un saber vacío, mera especulación metafísica. Descartes, Spinoza, Leibniz, Wolff dejaban de tener fundamento. La filosofía (es decir la metafísica) no cumplía los requisitos necesarios para convertirse en verdadero conocimiento, en ciencia.

Dejemos ahora de lado la apertura kantiana a la fundamentación de la moral, de la metafísica de las costumbres, pues si la pregunta «¿qué puedo conocer?» quedaba respondida con claridad, negando la posibilidad de la metafísica como ciencia, la pregunta «¿qué debo hacer?» abría la puerta trasera a una concepción metafísica (Dios, la libertad, la inmortalidad) como condición indispensable para pensar «con razón» el *faktum* de la moral. Dejemos también su concepción estética, expuesta en su *Crítica del juicio*. Queremos centrarnos en su concepción del conocimiento, de la razón y de la experiencia.

Toda intuición es intuición sensible. Esta es la barrera infranqueable que Kant levantó ante el conocimiento de posibles realidades que trasciendan el ámbito de lo físico, que queden fuera del conocimiento científico. Sin embargo, quizás esta limitación esté ya fuera de lugar, haya perdido su vigencia, haya caducado. Tendremos que ofrecer múltiples ejemplos de ello, pero nos gustaría comenzar rescatando el saber de los *rishis* upanishádicos y con ellos lo que podemos llamar «la experiencia upanishádica». ¿En qué consiste esta?[1]

Conste que las *Upanishads* constituyen un conjunto de textos, escritos desde el siglo VIII a.C. hasta comienzos de nuestra era, que la leyenda amplía a ciento ocho, aunque la tradición, tras el co-

---

1.   Pueden consultarse las *Upanishads* en F. Ilárraz y O. Pujol, *La sabiduría del bosque*, Trotta, Madrid, 2003, o en Sarvepalli Radhakrishnan (trad., notas e introducción), *The Principal Upanishads,* Allen & Unwin, Londres, 1968. Y para un estudio completo puede verse la importante obra, que cubre un campo más amplio que el propiamente upanishádico, de Raimon Panikkar, *The Vedic Experience*, Motilal Banarsidass, Nueva Delhi, 1989 (hay traducción tanto al castellano en Editorial Herder, 2012, como al catalán en Fragmenta Editorial, 2014).

mentario de uno de sus grandes comentaristas-filósofos-teólogos, Adi Sankaracharya, acordó reducirlo a entre doce o quince principales, como la obra de S. Radhakrishnan, citada en la nota anterior, anuncia. Las *Upanishads* van más allá del discurso mítico-ritualista que encontramos en los himnos védicos y da comienzo a un pensar místico-filosófico. No diremos que se trata de textos filosóficos, en ningún caso, no al menos en el sentido occidental moderno del término filosofía, pero sí que expresan una serie de intuiciones filosóficas que darán lugar a la reflexión posterior llevada a cabo por los llamados «sistemas filosóficos» (*darshanas*) de la tradición hindú. Por eso se ha dicho que las *Upanishads* constituyen «el fin del *Veda*» (Vedanta) en un doble sentido. En primer lugar, porque técnicamente son la cuarta y última parte de los cuatro *Vedas*; en segundo lugar, y esto nos importa más, porque expresan la esencia y la finalidad última de los *Vedas*.

Son esas intuiciones filosóficas, procedentes de lo que podemos llamar «experiencias místicas»,[2] aunque también podría hablarse de «conocimiento gnóstico», las que nos interesan aquí.

Aceptemos provisionalmente la comprensión de la mística como experiencia de Dios o experiencia de lo Divino. Si se prefiere no utilizar estos términos, digamos experiencia de la Realidad

---

2.   Surendranath Dasgupta, autor de una de las más importantes historias de la filosofía india, en seis volúmenes, no tiene problemas en hablar de «mística hindú» y sus tipos en *Hindu Mysticism*, Motilal Banarsidass, Delhi, 1987 (1ª ed. en 1927), donde distingue entre misticismo sacrificial (en los *Vedas*), misticismo de las *Upanishads*, misticismo del Yoga, misticismo budista, formas clásicas de misticismo devocional y misticismo devocional popular. Para una excelente versión, mucho más actualizada, de la mística hindú, véase Richard King, *Orientalism and Religion: Postcolonial Theory, India and «The Mystic East»*, Routledge, Londres, 2003 (1ª ed. 1999).

última, experiencia del Absoluto, con todos los matices que esto exige. Recordemos una célebre clasificación de R.Ch. Zaehner en tres tipos: misticismo de la naturaleza, misticismo monista y misticismo teísta.

Estamos más acostumbrados, aquí en Occidente, a este último tipo de misticismo, concebido como encuentro, unión o comunión con un Dios personal. El cristianismo, por ejemplo, ha tendido, quizás más o menos forzado en ocasiones por los dogmas teológicos, a este tipo de experiencia mística. El primero, el misticismo de la naturaleza, parece descubrir lo divino en la propia naturaleza, como si una visión transfigurada fuera capaz de ver lo divino en todas las cosas. Pero, en el caso de las *Upanishads*, en el que ahora nos centramos, se trataría fundamentalmente de lo que Zaehner denomina misticismo monista, que remite a la experiencia de no-dualidad (*advaita*).

¿En qué consiste esta experiencia adual y cómo ha sido interpretada para ofrecer toda una cosmovisión o filosofía no-dualista? Lo expresaremos a partir de dos de las principales tesis que encontramos en las *Upanishads*. La primera dice: «Brahman es Conciencia». Sabemos que Brahman es el término utilizado (uno de ellos) para referirse a la Realidad última. Lo que aquí traducimos como «Conciencia» corresponde al término sánscrito *prajñana*, que ha sido traducido también como «Inteligencia», incluso como Sabiduría.[3] Si pensamos en terminología occidental sería fácil in-

---

3.   Cuando abordemos algunos aspectos del budismo, veremos que *prajña* es el término que en las últimas décadas se traduce frecuentemente como «gnosis», algo similar a lo que ocurre en el hinduismo con *jñana*, como puede verse, ambos procedentes de la misma raíz (*jña-*), relacionada con el conocimiento y la cognición, no cualquier conocimiento, sino el conocimiento esencial, el

ferir que dicha experiencia daría lugar a un «monismo idealista» o «idealismo monista». Efectivamente, frente a cualquier cosmovisión materialista, la esencia de la realidad y su fundamento último, para las *Upanishads*, sería del orden de la Conciencia, la Inteligencia. Obviamente, se trataría de la Inteligencia infinita, la Conciencia absoluta, no-dual. «El Uno-sin-segundo», como se dice en ocasiones (*ekam evadvitiyam*), evocando a uno de los místicos-filósofos por excelencia de la tradición occidental: Plotino, considerado como el primer pensador *advaita* (no-dualista), cuyo pensamiento ha sido expuesto y recreado magníficamente por Pierre Hadot.[4]

¿Cabe una experiencia mística, o gnóstica, de la Conciencia infinita, de la Inteligencia absoluta, de Brahman? Justamente la característica esencial del *rishi* upanishádico consistiría en dar una respuesta afirmativa. Y hacerlo de modo experiencial. De manera que la filosofía posterior, la razón explicativa, hallaría su base, su fundamento y su fuerza en dicha experiencia, otorgadora del saber esencial. Y esto es lo que implica la segunda de nuestras afirmaciones upanishádicas, que reza así: *Aham brahmasmi* y cuya traducción es todavía más unívoca: «Yo soy Brahman». Evidentemente, no podría ser el ego empírico-psicológico quien esto afirma, dadas sus bien conocidas limitaciones de todo orden y su finitud ontológica. Para que esta afirmación, desconcertante, que hace estallar muchos de nuestros marcos mentales, de nuestras

---

conocimiento salvífico, el conocimiento liberador, sentido último del término *gnosis*. Se entenderá, así, que *Prajñana*, en esta tesis, se traduzca también como «Sabiduría» (como hace, por ejemplo, Lilian Silburn).

4. Véase Pierre Hadot, *Plotino ou la simplicité du regard,* Gallimard, París, 1997. Hay traducción al castellano en Alpha Decay, 2004.

creencias arraigadas, de nuestras más elementales evidencias, se pueda tomar en serio, hace falta que la experiencia misma, con el saber inherente que le acompaña, produzca una transfiguración tan enorme de nuestra identidad vivida que el ego psicológico quede reemplazado por el Yo absoluto, el Yo infinito, no-dual, que es Brahman. De este modo se nos cuela casi inevitablemente, aunque sea de modo impensado, la afirmación más célebre de todas las *Upanishads*: el *Atman* es Brahman.

Atman es el pronombre reflexivo (aparte de otros muchos significados que ahora podemos poner entre paréntesis), el sí-mismo, el verdadero yo. Lo que sucede es que, en el acto mismo de la experiencia místico-gnóstica, la individualidad del yo como mi identidad personal muestra que la finitud del yo-*atman* era meramente aparente. El *atman* no es el ego empírico-psicológico, sino Brahman, la Conciencia infinita, la Identidad última, lo real de lo real (*satyasya satyam*), como dicen las propias *Upanishads*. Brahman es lo Infinito-en-lo-finito.

Si damos un salto a uno de nuestros pensadores, no siempre suficientemente apreciado, a pesar de la profundidad de su pensamiento, diríamos que Dios (permítasenos este término ahora) es «trascendente-en-las-cosas». Es decir, colapsa la oposición entre inmanente y trascendente, entre inmanencia y trascendencia, con esa acertada expresión de X. Zubiri que permite decir que el *atman* es lo divino-inmanente y Brahman lo divino-trascendente.[5] Dicho de otro modo, el *atman* y el Brahman no son dos, es la

---

5. Véase la trilogía de Zubiri, *Inteligencia sentiente* (3 vols.: *Inteligencia y realidad; Inteligencia y logos; Inteligencia y razón*), pero sobre todo su obra *El hombre y Dios*, en Alianza-Sociedad de Estudios y Publicaciones, Madrid, 1985.

misma Realidad no-dual, cuyo carácter fundamental consiste en ser Conciencia o, para ser más precisos y con una caracterización más completa, Brahman es *sat-cit-ananda*. *Sat* puede traducirse como «Ser», el Ser absoluto o, si se quiere, la Realidad, lo Real, en última instancia. *Chit* es el término más frecuentemente empleado para la noción de Conciencia (infinita). Y *Ananda* es la plenitud primordial, la felicidad, el gozo puro, la beatitud. Se trata de una tri-unidad: Ser-Conciencia-Bienaventuranza.

Aquí, la gnosis es *atma-jñana,* conocimiento del *atman*-que-es-Brahman. Auto-revelación suprema del Sí-mismo.

5. Confianza (¿excesiva?) en la razón

El proyecto cartesiano, inaugurando el racionalismo moderno en el siglo XVII, no deja de tener su atractivo. Es el proyecto que surge de la confianza en que la razón humana, la razón racionalista, razón especulativa, es capaz de dar respuesta satisfactoria a las grandes preguntas que se plantea el ser humano, o al menos de alcanzar algunas importantes verdades.

¿Cabe hablar también de certezas upanishádicas, certezas vedánticas? Efectivamente, la experiencia místico-gnóstica conduce al *rishi* de la India antigua a la certeza de la Unidad primordial de todas las cosas. Brahman es esa Unidad que subyace a todas las cosas. En este caso, la certeza primigenia no es el «pienso, luego soy o existo» (*cogito, ergo sum*), sino «esta Conciencia no tiene límites y todo está en Ella», nada hay fuera de ella, nada que no sea Ella: Conciencia pura, pura Inteligencia primordial, a la vez Sustancia única y Sujeto único, algo que Hegel no supo ver en el hinduismo.

Cabe recordar que la cartesiana duda metódica es parte de la astucia de la razón para descartar todo cuanto no resulte incuestionablemente evidente. El proyecto cartesiano es el de la fundamentación de la filosofía en evidencias, en certezas de las que la razón lúcida no pueda dudar. Y para ello está dispuesto a sacrificar el mundo (exterioridad enfrentada a nuestra interioridad, nuestra subjetividad, nuestra intimidad), pues bien podría ser una especie de sueño o de alucinación (sí, especie de *maya* entendida como ilusión cósmica), acaso el engaño de un genio maligno, que por su maldad y engaño obviamente no merece el nombre de Dios. Y el eureka cartesiano se produce al «caer en sí», al caer en la cuenta, al darse cuenta, de que «hay pensamientos» –como se ha querido reformular la evidencia de Descartes–. Incluso si no corresponden a una realidad exterior, mundanal, aunque fuesen meras elucubraciones mentales, «están ahí», o al menos en la «conciencia» fenomenológica husserliana. «*Voilà, je pense, donc je suis*». Existo, soy algo, al menos hay pensamientos con los que me identifico, o al menos Descartes los identifica como suyos. ¿Y qué soy? Algo que piensa. ¿Alguien pensante? Una cosa pensante (*res cogitans*), o más bien un «sujeto» pensante, ese *sub-iectum* que subyace a todo pensamiento que «yo» tenga. Un sujeto sustancial que, pese a su presunto distanciamiento (provisional) de las creencias religiosas, denominará el «alma». El alma es el yo, el sujeto sustancial, el que piensa todos los pensamientos. Eso existe, piensa Descartes.

¿Es eso cierto –nos preguntábamos ya– o lo cierto, la certeza incuestionable, es más modesta, más enigmática, y simplemente hay pensamientos? Pero, en ese caso, ¿dónde están esos pensamientos? ¿Flotan en la nada? ¿Podemos seguir con otras evidencias? ¿Es evidente que son mis pensamientos, pensamientos míos? ¿Puedo asegurar la suficiente unidad de la conciencia que me permita decir «yo» y concebir este yo como sujeto sustancial, incluso inmortal? ¿O acaso hay una certeza previa a los pensamientos, y podemos denominarla «conciencia»? Si es así, ¿no sería esta la certeza upanishádica, la evidencia vedántica? «Todo es Brahman-Conciencia infinita». El yo sería tan solo un pensamiento más.

Conviene introducir ya una diferencia (*différance*) esencial entre mente y conciencia. Diría más: entre mente, conciencia y sujeto (autoconsciente). No parece que Descartes lo distinguiera suficientemente, sino que más bien identificó mente, conciencia, alma, yo. La propuesta que aquí mostramos es que sería necesario distinguir entre mente, como conjunto de procesos de pensamiento: ideas, imágenes, contenidos… de la conciencia, y esta como campo en el cual aparecen todos los fenómenos mentales. Así pues, la mente sería el nombre dado a un conjunto de contenidos de la conciencia, y esta sería el campo (cuya amplitud, cuya extensión todavía no nos planteamos) en el cual acaecen, transcurren tales contenidos y nos percatamos de ellos. Añadiríamos que todavía hay otro elemento, el sujeto que se da cuenta de dicha existencia, un sujeto que es consciente no solo de esos procesos mentales, sino también de sí mismo sujetándolos y considerándolos, de algún modo, como propios, diferenciándolos así de otras cosas, otras ideas que no lo son, o no parecen serlo. Un sujeto, pues, que debemos considerar, en rigor, autoconsciente.

Ahora bien, este ser autoconsciente no ha de entenderse al modo psicologista, como un mero darse cuenta de tales contenidos (mentales, emocionales, sensoriales, etc.), sino que al mismo tiempo que capta los contenidos es consciente de ese «sí-mismo» que los ve pasar, que parece poder producirlos y seguir su hilo o rechazarlos. Y esa conciencia-de-sí-mismo es, justamente, la autoconciencia del sujeto autoconsciente. Aquí, la conciencia no es conciencia-de… (algo distinto de sí misma), es conciencia pura, conciencia de ser un yo que sujeta los pensamientos, que los ata apropiándose de ellos, sintiéndolos suyos de un modo peculiar. Esto merece el nombre de autoconciencia, que se percibe, en el acto mismo de su descubrimiento, como sujeto autoconsciente. En todo caso esto sería el yo.

Quizás la *res cogitans* cartesiana pueda verse como un trampolín para lanzarse al océano ilimitado de esa conciencia infinita que es Brahman y que se revela a sí misma, en la experiencia no-dual no solo como Sustancia única, sino también como Sujeto último. Ya no «yo» (empírico psicológico, limitado, finito, separado del resto de la realidad), sino lo que Ramana Maharshi denominaba Yo-Yo: el *Atman*. Que no es otra cosa (otro sujeto) que Brahman. Pero esta comprensión del alcance de la experiencia místico-gnóstica-adual queda pendiente de ser experimentada por cada quien, por cada sujeto empírico que se revelaría así como constitutivamente abierto a su Identidad más profunda.

En cualquier caso, no entraremos ahora en las sucesivas verdades que el propio Descartes va extrayendo a partir de su primera verdad (o, si se quieren diferenciar, su certeza primigenia), es decir, fundamentalmente la existencia de Brahman (perdón, de Dios) como Ser mayor que el cual no cabe pensar otro –por reconocer la esencia anselmiana del argumento ontológico que Descartes renueva–, y la existencia del mundo externo (la *res extensa*), restituido una vez que ha quedado descartado que ese Ser infinito que no puedo pensar como inexistente, sin contradicción, pudiera engañarnos cual genio maligno. ¡Cómo lo Perfecto podría no existir! En ese supuesto caso, podríamos pensar, y así lo hacemos, un Ser Perfecto que incluyese su propia existencia. Y este no podría incluir la maldad, alejada como sabemos que esta ha de estar de la Perfección infinita.

Argumento que ha dejado perplejos a la mayoría de sus lectores y sus pensadores, desde el monje Gaunilón hasta el propio Kant, por más que recibiera el aplauso de otros muchos, entre ellos Descartes y Hegel.

6. Meditación cartesiana y meditación yóguico-vedántica

Hay que distinguir entre meditación reflexiva y meditación silenciosa o contemplativa, aunque no caigamos en la fácil contraposición Occidente-Oriente: la reflexión, propia del primero; el silencio, propio del segundo. Aquella célebre expresión de R. Kipling afirmando (es cierto que en 1899) que «Oriente es Oriente y Occidente es Occidente y nunca se encontrarán» no puede ser compartida ya, o eso proponemos. Y la meditación podría ser uno de los puentes de unión. No se trata de Descartes o Husserl[1] versus Patañjali[2] o Ramana Maharshi,[3] sino del encuentro entre ambos, aportando cada uno lo mejor de sí mismo. El diálogo intercultural ya no es solo un mero desiderátum, sino un deber cultural,

1. Edmund Husserl (1859-1938), matemático y filósofo, fundador del movimiento fenomenológico, sin duda una de las corrientes filosóficas más fecundas del siglo XX resulta especialmente oportuno aquí ya desde el título de una de sus obras, justamente *Meditaciones cartesianas*, Tecnos, Madrid, 2006.
2. Patañjali es el autor de los *Yoga-sutras*, los «Aforismos sobre el yoga», breve texto fundacional del arte de la meditación silenciosa en el sentido que ahora veremos. Puede verse sobre dicha obra Óscar Pujol (trad., introducción y comentarios), *Patañjali: Yogasutra. Los aforismos del Yoga,* Kairós, Barcelona, 2018.
3. Ramana Maharshi (1879-1950) es uno de los grandes sabios de la India moderna, representante de la experiencia adváitica a la que hemos hecho referencia. Puede verse *Conversaciones con Sri Ramana Maharshi* (dos tomos), Ignitus/Sanz y Torres, Madrid, 2006.

incluso ya un hecho ineludible. Y la filosofía se ve obligada a ser «filosofía-fusión», capaz de fundir el pensamiento occidental y el pensamiento oriental en un solo pensamiento. O, si se prefiere, «filosofía integral», capaz de integrar lo mejor de cada una de las distintas tradiciones.

Podemos llamar «meditación reflexiva» al proceso de elaborar ideas y argumentos, «reflexionar» como pensar en profundidad. Justamente, tanto Descartes en sus *Meditaciones metafísicas* como Husserl con sus *Meditaciones cartesianas* ejemplifican perfectamente ese proceso del pensar reflexivo. Es el nervio de la filosofía, precisamente. Ahí encontramos el funcionamiento de lo que llamábamos «mente» o, con Platón, inteligencia discursiva (*diánoia*). En ella priva «el esfuerzo del concepto» (Hegel). La historia de la filosofía es la historia de los maestros del pensar, de la meditación reflexiva.

Por su parte, la «meditación contemplativa» hace del «silencio» su tema central. Pero, obviamente, aquí la noción de silencio cobra un rango ontológico especial. No es la mera ausencia de ruido exterior, de sonidos, de palabras o de pensamientos, sino que remite a una «presencia ontológica» que roza con nuestra intimidad, con nuestra identidad, si no es que es ella misma. La hemos llamado también meditación contemplativa, pues contemplación (uno de los significados del griego *theoria*) apela a una facultad distinta de la mente y sus procesos racionales. Retornamos al término «conciencia» y a la importancia de la «atención», como función de esta. En la contemplación lo importante no es tanto el pensar, el manejar ideas, conceptos e imágenes, como que el sujeto atienda sostenidamente al objeto de su contemplación.

Mencionábamos hace poco a Patañjali, el autor de los *Aforis-*

mos sobre el Yoga. Justamente la definición que ofrece allí, en el segundo de los aforismos, y que ha llegado a ser clásica, al menos en la India, es la siguiente: «Yoga es la detención de los procesos mentales» (*Patañjali*, Óscar Pujol, 2018, pág. 52). Para Hegel, uno de nuestros grandes maestros del pensar, resultaba incomprensible esta meditación transconceptual y opinó, a pesar de ser uno de los primeros occidentales en acercarse al pensamiento de la India, aprovechando las traducciones de los primeros indólogos, que un estado así no sería sino «la noche en la que todos los gatos son pardos». Esto, hoy, nos parece una grave incomprensión de esta cuestión. Podemos preguntarnos qué ocurre cuando se detienen los procesos mentales, pues quizás no sea una caída en la inconsciencia, en el letargo interior, sino una intensificación de esa atención que brota de la conciencia, del sujeto autoconsciente, de ese «testigo» de todos los fenómenos que aparecen ante nuestra pantalla interior. Justamente, el aforismo siguiente de Patañjali (1.3) lo dice así: «Entonces, el testigo se establece en su propia naturaleza». El testigo (*drastuh*, aquí; *saksin*, en otras ocasiones) es el sujeto autoconsciente, el yo que contempla. ¿Y qué contempla ahora si los procesos mentales han cesado? Pues no un contenido más de la conciencia, sino el resplandor de la propia conciencia, vacía de contenidos, quizás también campos de conciencia, que serían los objetos de este nuevo conocimiento (*vidya, jñana, prajña*), así como el brillo del propio sujeto en su naturaleza más íntima. Este sujeto-testigo que se establece en su propia naturaleza sería lo que hemos llamado, con las *Upanishads* y el Vedanta: el *atman*. Sin embargo, Patañjali utiliza otro término no menos central, este en otra de las corrientes más importantes del pensamiento indio, el Samkhya, del que depende teóricamente el Yoga de Patañjali.

Ese término, equivalente homeomórfico de *atman*, es *purusha*. El Samkhya establece una tabla de veinticinco categorías. Y dentro de su ontología dualista radical distingue entre *prakriti* (a la que pertenecen veinticuatro de tales categorías) y *purusha* (categoría única en este otro campo de la dualidad). El primero suele traducirse como «Naturaleza». El segundo como «Espíritu», aunque también a menudo como «Persona». Si queremos traducir *prakriti* como «materia», hay que tener en cuenta que la mente, y todos los fenómenos psíquicos, forman parte de *prakriti* y no de *purusha*. Podría decirse que *prakriti* es el mundo de los procesos energéticos, el mundo de objetos, entendiendo que los procesos mentales son también energéticos, por tanto, parte de *prakriti,* como decíamos. La mente, por tanto, no es ni el alma ni el espíritu, se distinga entre estos dos últimos o no. *Purusha* sería del orden de la conciencia, no de la energía. El *purusha*, que es el testigo y que a través de la meditación se establece en su propia naturaleza, es, exactamente, el sujeto autoconsciente, el alma o espíritu individual.

Hay un término fundamental no solo en los *Yoga-sutras*, sino en todas las tradiciones índicas, especialmente en el hinduismo y el budismo (que no nos interesan aquí como religiones, si es que les conviene ese término, sino en tanto que filosofías y psicologías). Ese término es: *samadhi*, una de cuyas traducciones más aceptadas es, justamente, «contemplación», aunque se traduce en otras ocasiones y según el contexto, como concentración, meditación, absorción, éxtasis o énstasis. Ahora bien, para ser un poco más precisos, en el contexto de los *Yogasutras* se distinguen tres términos, que forman parte de un mismo proceso: *dharana, dhyana, samadhi*, y que podemos traducir como «concentración», «meditación» y «contemplación», respectivamente.

Nos interesa ahora la distinción entre la contemplación con objeto (con un contenido de la conciencia) y la contemplación sin objeto (*sabija y nirbija samadhi*, respectivamente). No es necesario detenernos ahora en los distintos tipos de contemplación con objeto, con contenido, con semilla, que tanto Patañjali como los muchos comentaristas que le han sucedido han desarrollado, entre los cuales se hallaría también lo que hemos llamado meditación discursiva, pues nos interesa ir al fondo de esta cuestión centrándonos en esa contemplación que carece de objeto. Cerramos así el círculo volviendo a la definición inicial de estos aforismos, el momento en el que el testigo, el *purusha*, el sujeto autoconsciente, deja de entre-tenerse en los contenidos de su conciencia, deja de dispersar su atención mirando aquí y allá y se establece en su verdadera naturaleza, descubriendo que en el fondo de su ser es conciencia pura o, mejor, un sujeto autoconsciente que constituye un modo de realidad irreductible a cualquier otra y cognoscible no a través de un carrusel de pensamientos, sino de manera intuitiva, a modo de *nóesis* platónica, que es, efectivamente, contemplación (*theoria*) a través del ojo del alma. Solo que aquí no se contemplan las Ideas arquetípicas, sino que en un acto de especial re-flexión se contempla el alma a sí misma, quizás su fondo sin fondo, tal como Heráclito había intuido y expresado.[1] Utilizamos el término «alma» en ocasiones, por su poder expresivo (aunque a veces se vea cargado de connotaciones religiosas), como sinónimo de «su-

---

1.   «Los límites del alma no lograrías encontrarlos, aun recorriendo en tu marcha todos los caminos, tan honda es su razón (*logos*), su fundamento». Eggers Lan, C. y Juliá, Victoria E., *Los filósofos presocráticos*, Gredos, Madrid, 1978, pág. 373.

jeto autoconsciente». No entremos de momento en si tal des-cubri-miento lo que des-vela, lo que des-oculta es la verdad (*alétheia*) de un sujeto individual o del Sujeto supraindividual..., o ambas cosas simultáneamente. Abordaremos más tarde esta cuestión.

«La fenomenología es el yoga de Occidente», decía Raymond Abellio, buen conocedor de la fenomenología trascendental de Husserl.[2] Quizás, decimos ahora, lo que se descubre es el Yo tras-cendental, la Subjetividad trascendental husserliana, así como el Nosotros trascendental.

2.   Véase su obra en Raymond Abellio, *La structure absolue: Essai de phénoménologie génétique*, Gallimard, París, 1965.

7. El papel de la conciencia y del Yo trascendental en la fenomenología husserliana

En su meditación reflexiva, cartesiana, asumiendo el proyecto del fundador de la Modernidad, pero tratando de ir más allá, Husserl entiende la filosofía como idealismo trascendental, rótulo que no se entiende sin recordar que, respecto a la realidad del mundo externo, algo que ya había preocupado a Descartes y de lo que se ocupan las ciencias naturales, no se trata de negarlo, pero tampoco de afirmar que es tal como nosotros lo conocemos. Simplemente, lo ponemos entre paréntesis, realizamos una reducción fenomeno-lógica, una *epojé*, y nos limitamos a describir los fenómenos, que no son sino las cosas tal como se muestran en nuestra conciencia.

Husserl, con su formación matemática, como decíamos, retoma la pregunta kantiana acerca de si la metafísica puede ser ciencia (siguiendo el modelo de la ciencia fisicomatemática newtoniana) y trata de elaborar una filosofía como ciencia estricta, conocimiento riguroso. Ahora bien, para ello ha de transformar el objeto de la filosofía. Y lo hace centrando la investigación de esta en las cosas tal como aparecen a nuestra conciencia. La conciencia es, pues, la realidad primigenia (como en todo idealismo), que se constituye como tal al mismo tiempo que constituye los objetos de su cono-cimiento. El acto del conocer lo llama *noésis* (reapareciendo así el término platónico en tanto que acto de la inteligencia, el *nous*) y el objeto de conocimiento no es ya la realidad (presuntamente) externa (a la propia conciencia), sino lo que hemos denominado antes «contenidos de la conciencia», a los que él llama *noema*, el correlato fenomenológico de la *nóesis*.

De este modo dejamos provisionalmente la actitud natural del realismo ingenuo, que da por supuesta la realidad del mundo exterior y la validez de nuestro conocimiento de este, y adoptamos una actitud filosófica, que es ahora actitud fenomenológica, pues hemos reducido la objetividad a fenómeno, aquello que aparece ante nuestra conciencia. Esta constituye nuestra subjetividad, pero, una vez más, no una subjetividad empírica, sino una subjetividad trascendental, en el sentido de que constituye las condiciones de las cosas. El Yo que le importa a la fenomenología es, por tanto, el Yo trascendental.

De este modo, la filosofía es posible como conocimiento estricto, riguroso, porque la reducción llevada a cabo no es solo trascendental, sino también eidética. *Eidos* es el término que empleaba Platón para referirse a sus Ideas. Pero en Husserl (de idealismo metafísico platónico a idealismo trascendental husserliano) el *eidos* no se refiere ni al hecho empírico ni a la Idea-Forma metafísica, sino a la esencia intuible del *noema*.

Intuición de esencias como clave del conocimiento filosófico (fenomenológico). Como vemos, se ha transformado también la noción de «esencia». Ahora están «en la conciencia», no en un *topos hiperouranós*, en un mundo suprasensible, más allá del mundo sensible. Por ello, es posible, a través de la intuición, la evidencia, la serie de evidencias que vamos buscando como conocimiento estricto.

Husserl desarrolló, en su amplia obra, este proyecto fenomenológico y analizó, de este modo, algunos de los actos fundamentales de la conciencia, como la percepción, el recuerdo, el juicio, la significación, etc., y a partir de ahí también llevó a cabo el análisis fenomenológico de las grandes estructuras esenciales del mundo: la materialidad (la esencia de lo material), la animalidad (la esencia del ser-animal), la humanidad (la esencia de la realidad humana), la intersubjetividad (lo que le llevará del Ego trascendental al Nosotros trascendental, que es la relación entre las diversas conciencias trascendentales, interactuando e intercomunicándose).

Vemos así que tanto el concepto de razón como la manera de entender la experiencia resultan profundamente transformados. La razón no es la razón racionalista que maneja conceptos, sino una razón fenomenológica que se basa en evidencias, procedentes de las propias vivencias. Como sabemos ya, tales vivencias, tales evidencias, no remiten a una realidad exterior, sino a la realidad fundante de la propia conciencia en tanto que Yo trascendental. De algún modo, pues, en este idealismo trascendental, la conciencia pura es el ser absoluto, fundamento de todo el resto de seres objetivos, de todo fenómeno.

Quizás en este bucear en la conciencia vio Abellio en la fenomenología husserliana el equivalente, en Occidente, del Yoga.

8. Del yo a la vacuidad budista

Hemos visto que Husserl terminaba hablando de un Yo trascendental, diferente de lo que llamaremos ego empírico-psicológico. En la actitud natural partimos siempre de la suposición de la existencia de un yo. Esa sensación de identidad personal nos acompaña y el lenguaje parece confirmar su realidad cuando constantemente decimos: «yo iré mañana», «yo me llamo fulanito de tal», «mis ideas son tales y cuales», «yo nací en tal sitio y vivo en tal otro». La idea-de-yo nos acompaña como lo más natural del mundo. Incluso en Descartes, como hemos visto, tratando de poner en cuestión todo conocimiento adquirido y toda creencia, aplicando la duda metódica, terminamos llegando, como primera certeza incuestionable, al «je pense...», «yo pienso». Y mi esencia consistiría justamente en ser una realidad que piensa, una *res cogitans*.

En Occidente, David Hume, empirista que despertó del sueño dogmático del racionalismo metafísico al propio Kant, elaboró una crítica clásica a la realidad del yo. Distinguiendo entre «impresiones» e «ideas», entendiendo por «impresiones» las percepciones sensibles y por «ideas» los conceptos que nos formamos, llegó a la conclusión de que la idea de yo no correspondía a ninguna realidad, pues, en su análisis empirista, observando con cuidado lo que generalmente se denominaba «yo», afirmaba no haber encontrado nada que fuese permanente, ni rastro de una identidad personal que no cambiase con el paso del tiempo, la idea de un sujeto sustancial era, pues, una especulación metafísica infundada.

No obstante, Kant no quedó convencido por dicho análisis y distinguió entre el yo empírico-psicológico y el yo trascendental. Este último era condición de posibilidad de toda experiencia; aunque no tuviéramos una impresión sensible de su existencia, teníamos que suponer y aceptar, para comprender nuestro conocimiento, que existía ese yo, así como un conjunto de estructuras y formas innatas, *a priori*, categorías del entendimiento y formas de la sensibilidad, sin los cuales el conocimiento, tal como se produce en nosotros, no sería posible.

Hemos visto que Husserl hace pasar a primer plano de su fenomenología trascendental, como factor constituyente de todo lo demás, nuestra Subjetividad trascendental, a la que a veces denominaba Ego trascendental.

***

En la India, probablemente alrededor del siglo v a.C., Siddharta Gautama, quien se convertiría en un Buda, alguien que ha despertado, que se ha iluminado, que ha llegado a conocer las cosas tal como son, a quien la tradición considera omnisciente (del mismo modo que el jainismo hace con los *tirthankaras*, sus sabios principales, como Mahavira) llevó a cabo su propio análisis de la idea del yo, concluyendo que no existía cosa tal como lo que entendemos por yo.

El budismo hay que entenderlo en su contexto índico, pues ya las primeras *Upanishads* se habían producido, y la noción de *atman*, como hemos visto, se había convertido en absolutamente central. De modo que, cuando Gautama, el sabio del clan Sakya, presenta su visión, está pensando en el *atman* del que hablaba el hinduismo. Si bien con el tiempo, en la tradición hindú se distinguirá entre el *atman* como yo metafísico y *ahamkara* como el ego psicológico, el budismo suele negar la existencia de ambos, al menos si son concebidos como sujetos sustanciales. Y es que la impermanencia, la transitoriedad (*anitya, anicca*, en sánscrito y en pali, respectivamente), es uno de los rasgos constitutivos de toda realidad, según su análisis. Al menos dentro del samsara, el ciclo de nacimientos y muertes, en general el mundo manifestado, el cosmos.

Así pues, encontramos en la mayor parte del budismo, tradición que, como sabemos, nació en la India, pero pronto pasó y logró su esplendor en Sri Lanka, China, Japón, el sudeste asiático y el Tíbet, la aceptación del canon pali como conjunto de escrituras que reflejan bien la enseñanza de Buda (el *buddha-dharma*) y la negación de la existencia del *atman*. De hecho, la doctrina que niega la existencia del *atman* (*anatmavada*) constituye uno de los rasgos más sobresalientes del budismo.

Ni yo empírico ni yo metafísico ni yo trascendental hallamos en el análisis budista. La observación fina, en estado meditativo, como la de Hume en proceso reflexivo, llevaría a la negación de su existencia. Queremos detenernos tan solo en dos conceptos fundamentales que abundan en ello. Por una parte, el concepto de vacuidad (*shunyata*), de vacío (*shunya*). Por otra parte, la noción de originación co-dependiente que implica una relatividad radical. *Pratityasamutpada* significa la «interdependencia de todas las cosas», la visión de la realidad como una Red de Indra, en la que todo está interconectado. Es la crítica radical a todo sustancialismo, a todo esencialismo.

Desde Nagarjuna, a comienzos de nuestra era aproximadamente, la noción de vacuidad cobra una importancia fundamental, interpretada de un modo determinado. Aquí «vacuidad» no apunta hacia ningún tipo de Realidad absoluta por debajo de los fenómenos, sino sencillamente al hecho de que todas las cosas carecen de entidad propia, están vacías de esencia, de un sustrato permanente. Hasta el punto de que, en última instancia, puede decirse que vacuidad y originación codependiente son lo mismo. Cualquier cosa, cualquier ser están formados por una serie de causas y condiciones, carecen de cualquier «en-sí», son siempre «por otras cosas». En realidad, con un lenguaje más cercano a Occidente diríamos que no hay esencias, sustancias, sino procesos. El río heraclíteo reaparece con fuerza y lo único constante es la impermanencia, la transitoriedad de todas las cosas, el permanente fluir del río de la existencia.

Puede decirse que buena parte del budismo se reconocería en esta breve síntesis. No obstante, no faltan interpretaciones (E. Conze, R. Gombrich, P. Williams, por poner algunos ejemplos destacados) que, al modo de una mística y una teología apofática, cuestionan que este nihilismo budista sea la verdadera enseñanza del Buda Sakyamuni. De tal modo que lo que se niega sería el yo empírico-psicológico y el aferramiento dogmático a la idea de un yo metafísico que no hace sino dificultar el despertar a la visión de las cosas tal como son.

Por otra parte, la noción de vacuidad se presenta en ocasiones como equivalente al Absoluto trascendente de otras concepciones. De manera que, junto a la noción de *Dharmakaya*, la vacuidad apuntaría hacia la meta última de la vía budista, simbolizada en la noción de nirvana, como el corazón inmanotrascendente del samsara, aunque dada su inefabilidad, nada puede decirse con sentido de ello, de ahí que el silencio del Buda, su quedar mudo ante las grandes cuestiones metafísicas, sería una de las claves de la actitud budista. Recordemos, en este sentido, aquel célebre discurso de quien ya había Despertado, tras años de búsqueda incansable y de rigor ascético, en el que el Buda, reunidos cientos de sus discípulos para escucharle, quedó en silencio durante todo el tiempo y solo al final se movió, sin hablar, para tomar una flor en su mano y mostrarla. Nadie comprendió su actitud, excepto Mahakashyapa, quien, allá en el fondo de la audiencia, sonrió, de modo que el Buda supo que solo él había comprendido. En este discurso silencioso sitúan algunos el origen del budismo Zen.

«El que sabe no habla y el que habla no sabe» es la más célebre de las afirmaciones taoístas contenidas en el *Tao te King*. Siglos después, en *El sutra de Vimalakirti* se ejemplificaría esta actitud de elogio del silencio, quedando este laico, después de escuchar brillantes discursos sobre el silencio pronunciados por varios monjes renunciantes, en un atronador silencio.

En la llamada filosofía perenne o *philosophia perennis*, de manera más pretenciosa, sería frecuente hallar esta identificación de la vacuidad budista con el Parabrahman del hinduismo o con otros modos de entender la Realidad última. Como se sabe, en relación con la *philosophia perennis*, tal como se ha entendido sobre todo durante la segunda mitad del siglo XX, los verdaderos sabios de las principales tradiciones del mundo coincidirían en su experiencia, aunque a veces su formulación diferiría. Esto último se debería a los distintos condicionamientos históricos y culturales, pero tras

ellos latiría el corazón oculto de la Verdad atemporal, a la que ten-
drían acceso tales sabios, místicos y gnósticos de las más distintas
tradiciones. *Sophia*, *gnosis*, *prajña*, *jñana*, *irfan* serían algunos de
los términos que apuntan a esa sabiduría, sea en Grecia, en Alejandría, en Mesopotamia o en Asia Menor, con el gnosticismo, en la
India con el budismo y el hinduismo, o en el islam con la noción
de *irfan*, etc.

Quizás tengamos que volver a la noción de filosofía perenne,
al perennialismo, y mostrar tanto su potencial conciliador como
las críticas recibidas por su tendencia al dogmatismo inclusivista.

9. Defensas de la posibilidad de una filosofía perenne y objeciones a la misma

En efecto, resulta atractiva en muchos sentidos la idea de una filosofía perenne, una concepción del mundo suficientemente sistemática y que tendría exponentes en las más diversas tradiciones contemplativas y místicas de la humanidad.

Históricamente, el término aparece con Agostino Steuco, en el siglo xvi, en referencia a la *Prisca theologia* de Marsilio Ficino. Nos hallamos, por tanto, en el Renacimiento, y concretamente en ese nuevo auge del neoplatonismo del que participan, además de Ficino, otros como G. Pico della Mirandola, Nicolás de Cusa, etc. Se trata, claro está, del intento de universalizar la tradición cristiana, sobre todo desde una perspectiva neoplatónica. Algunos han querido ver un intento similar ya en Filón de Alejandría o incluso en san Agustín.

Pero nos interesa en especial su renacimiento en el siglo xx, en busca de una filosofía planetaria que una Oriente y Occidente y que no sea ya tan sesgadamente cristianizante. Podrían verse las presentaciones de una espiritualidad y una filosofía esotéricas llevadas a cabo por H.P. Blavatsky y otros teósofos, por Rudolf Steiner y otros antropósofos, por Alice A. Bailey y su línea marcada por la Escuela Arcana, como defensores y precursores de una filosofía perenne con tintes esotéricos. Pero lo que marcaría un antes y un después en la difusión de esa idea tiene lugar a mediados del siglo XX con la obra de Aldous Huxley del mismo título,[1] publicada en 1945.

Quizás la corriente más representativa y mejor conocida sea la iniciada por René Guénon (1886-1951) y continuada por A.K. Coomaraswamy, Frithjof Schuon (quien utilizó abundantemente el término *sophia perennis*), Hosein Nasr, Huston Smith y otros. Suele distinguirse entre la diversidad de las presentaciones religiosas exotéricas y la unidad que hallaríamos sobre todo en las experiencias místicas y las enseñanzas esotéricas. Este enfoque guénoniano ha recibido el nombre de esoterismo tradicionalista (o tradicionista, como se ha propuesto también, para desmarcarse de otros tradicionalismos). Estamos, en este caso, ante un «perennialismo esotérico», que ya no defiende que hay un solo camino y una sola meta, sino muchos caminos válidos, pero para llegar a la misma meta. Suele abundar una concepción no-dualista, de la que hablamos anteriormente, lo cual implica la concepción de una sola realidad (si queremos hablar de monismo en lugar de no-dualismo, sería un monismo espiritualista y no el monismo materialista dominante en muchas de las visiones contemporáneas; por ejemplo, en las neurociencias, aunque el panorama parece estar cambiando), una Realidad espiritual (el Espíritu absoluto hegeliano no estaría lejos de ello), un Fundamento que es no solo trascendente, sino también inmanente, estando presente en todas las cosas. Y en el caso del ser humano se destaca la existencia de una chispa espiritual, un alma, un espíritu, esencialmente idéntico a lo Divino.

1. Aldous Huxley, *La filosofía perenne*, Edhasa, Barcelona, 1998.

El cosmos en su totalidad no sería sino expresión, manifestación, emanación (de nuevo la proximidad del neoplatonismo, con el Uno como principio primigenio y las posteriores emanaciones) de dicho Espíritu, Divinidad, llámese Brahman, vacuidad, Tao, Dios. Es decir, que lo espiritual goza de una clara prioridad ontológica respecto a la materia. Estamos, qué duda cabe, ante un decidido espiritualismo. Para algunos capaz de reencantar el mundo, en contraposición al anunciado desencantamiento de este, tan claramente analizado por Max Weber.

También suele estar acompañada la filosofía perenne de una ontología jerárquica, bien representada por la idea de la Gran Cadena del Ser, con niveles inferiores, más elementales, y niveles superiores, más próximos al Origen espiritual. Lo cual fácilmente lleva a una axiología igualmente jerarquizadora, siendo los valores espirituales más valiosos, más elevados, más importantes.

En cuanto al conocimiento de la realidad, la epistemología o gnoseología perennialista vuelve a destacar y a privilegiar el conocimiento espiritual, en el cual consistiría la verdadera sabiduría, la gnosis, siendo *prajña* (como en los *Prajña-paramita-sutras* o *Sutras de la sabiduría suprema*, en los orígenes del budismo Mahayana) el término preferido por el budismo; y *jñana* (como en el *jñana-yoga* o yoga del conocimiento supremo) el del hinduismo, tal como hemos indicado anteriormente. También en ese clima de mediados del siglo xx, Henry Corbin habla de una gnosis chiita, incluso de una teosofía chiita, en autores como Sohravardi, o en general en el islam y en el sufismo con figuras como la del murciano Ibn'Arabí.

R. Guénon habló de la existencia de una tradición primordial, de la que las distintas tradiciones religiosas serían expresiones más o menos puras o impuras, más o menos fieles o infieles a esa «ciencia sagrada» que nos sería accesible no solo a través de las distintas revelaciones religiosas, sino también a través de la verdadera metafísica, capaz de alcanzar el conocimiento de los primeros principios a través de la intuición intelectual, órgano por excelencia del conocimiento espiritual, un conocimiento que podríamos caracterizar como «conocimiento por identidad». Sus seguidores se encargaron de desarrollar esos principios generales y de llevar a cabo abundantes comparaciones entre tradiciones, al mismo tiempo que se desarrollaba la llamada filosofía comparada o comparativa, tratando de mostrar las semejanzas significativas en las experiencias y los conocimientos de los grandes místicos, contemplativos, gnósticos, sabios, de todas las tradiciones, aunque puede constatarse una presencia mayor del hinduismo, el budismo, el cristianismo, la cábala judía, el islam y el taoísmo, aunque también están presentes algunos pueblos nativos. Schuon (1907-1998), entre otros, estuvo muy influido por los indios de las Grandes Llanuras, llegando incluso a ser adoptado tanto por una tribu siux lakota como por la tribu crow.

Quisiéramos recoger un último tipo de perennialismo, y es el representado por distintos autores de la psicología transpersonal (que nace en 1968, reunidos A. Maslow, S. Grof, A. Sutich y otros) y quizás de manera más brillante por Ken Wilber, de quien se llegó a decir que era «el Einstein de la conciencia». En clave fundamentalmente psicológica al principio, más general después, puede hablarse de un neoperennialismo que trata de actualizar las ideas de la filosofía perenne, que se habían ido presentando con distintos ropajes, como hemos ido viendo. Si bien K. Wilber (n. 1949) se desmarcó del movimiento transpersonal y comenzó a identificar su enfoque con el nombre de psicología integral, no cabe duda de que hay que considerarlo uno de los pilares principales (junto a S. Grof) de la psicología transpersonal.

***

Las tesis perennialistas, mientras no dejaban de ser desarrolladas, comenzaron a recibir críticas que tenemos que recoger aquí. La tesis de que los grandes místicos de las distintas tradiciones coincidían en lo fundamental empezó a ser cuestionada. Un hito en ese sentido lo encontramos en los libros editados por Steven Katz[2], en los que distintos autores, generalmente desde la filosofía analítica en su esplendor, trataban de desmontar dicha tesis.

Sobre todo, aquí nos interesa señalar cómo la filosofía perenne supone una concepción objetivista, universalista y esencialista de la realidad y del conocimiento. Frente a ello arreciaron las críticas desde el constructivismo y el contextualismo. Así, tras un análisis meticuloso de algunas experiencias místicas de distintas tradiciones culturales, se acusa a los perennialistas de adoptar una postura *a priori*, desembocando en una hermenéutica deficiente que en lugar de una rigurosa exégesis de los textos deriva hacia una eiségesis de estos; es decir, a leer en ellos las ideas que previamente se pretende confirmar.

Desde la perspectiva constructivista trata de mostrarse que las experiencias místicas son arropadas y expresadas de acuerdo con los sistemas doctrinales, teológicos y de creencias propios

---

2.   Steven Katz (ed.), *Mysticism and Philosophical Analysis*, Oxford University Press, Nueva York, 1978; y *Mysticism and Language*, Oxford University Press, Nueva York, 1992.

de cada cultura o de cada religión, así en las tradiciones teístas la experiencia última tiende a ser conceptualizada como encuentro con Dios o unión con Él, mientras que en las tendencias monistas o no-dualistas se presentan como reconocimiento de la Identidad última, no-dual, que siempre somos, o siempre Es. Es decir, que no hay inmaculada percepción, no hay experiencia pura que después sea interpretada desde unas u otras categorías, sino que en el mismo momento de la experiencia nuestros mecanismos mentales tienden a interpretarla según las ideas dominantes en el contexto en el que uno se encuentra.

Por ejemplo, la tendencia al no-dualismo impersonalista, dominante en el perennialismo del siglo xx, en el que la Realidad última es interpretada como Brahman Nirguna, como vacuidad o como Tao, no tendría por qué llevar a la conclusión de que el No-dualismo es la verdad última respecto a la realidad. Y otro tanto podría decirse de las experiencias místicas que son interpretadas al modo personalista y rechazan como inferiores las experiencias místicas que no llegarían al encuentro, unión o comunión personal con la Persona infinita, que sería Dios.

Se detecta ya, en esto último, una tendencia a la jerarquización, tal como decíamos, y vemos con claridad, por ejemplo, en Ken Wilber cuando habla de un misticismo psíquico, un misticismo sutil, un misticismo causal y un misticismo no-dual, siendo este la culminación de la pirámide del saber y de la realidad, poniendo como ejemplo de este último a Ramana Maharshi. Epistemología y ontología jerarquizadoras se refuerzan así mutuamente para defender una determinada concepción. Lo vemos también, en otro sentido, en la clasificación anteriormente expuesta de R. Zaehner, en cuya cúspide estaría, como corresponde a la visión cristiana, el misticismo teísta.

Una vez establecida una determinada estructuración jerárquica de niveles de realidad, niveles de experiencia y niveles de conocimiento, es muy fácil caer en cierto dogmatismo, pues en el diálogo interreligioso e intercultural en general tiende a verse, casi inevitablemente, a quienes defienden un orden jerárquico diferente o una ausencia de jerarquía rígida, un escalón inferior al nuestro, y por tanto el diálogo tiende a viciarse y a tratar de imponer al otro la verdad superior que uno detenta.

¿Hay alguna alternativa coherente a esta jerarquización perennialista que no sea el relativismo deconstruccionista más salvaje? ¿Implican tales objeciones la defensa de un contextualismo radical? ¿Tenemos que concluir que toda experiencia mística es construida en un sentido extremo? ¿Queda desmontada así la «verificabilidad gnóstica» defendida por Wilber como criterio de verdad en la filosofía perenne?

Lo que recibe el nombre de paradigma participacionista, a partir del giro participativo que habría tenido lugar en diversas ciencias sociales y sobre todo en la segunda ola de la psicología transpersonal, que coincidiría aproximadamente con lo que llevamos de siglo XXI, propone una actitud intermedia, en la que, a partir de un Misterio indeterminable, cada tradición iría cocreando participativamente con el Misterio mismo los surcos en los que se moverá cada una de ellas. De manera que se concede una cierta importancia al contexto cultural, una cierta dosis de construcción social, pero no se considera que todo sea puro constructo sociohistórico. Esto permite prescindir de toda jerarquización, pues las distintas experiencias serían igualmente válidas y ni el personalismo ni el impersonalismo serían superiores al otro, ni la unión con Dios ni el descubrimiento de la Identidad absoluta o el

Dharmakaya serían unos mejores que otros, aunque todos ellos partiesen de experiencias válidas que modulan y hasta cierto punto crean una determinada manera de recibir el Misterio, que no es algo más allá de la multitud de sus expresiones.[3]

Sea como sea, tanto desde los diversos tipos de perennialismo como desde la psicología transpersonal en sus dos fases, tanto la razón como la experiencia quedan muy ampliadas. Si nos centramos en la psicología transpersonal, hay distintos mapas de la conciencia, elaborados por sus diferentes representantes, entre los que destacaríamos a Stanislav Grof, que muestran la riqueza de tipos de experiencias. El doctor Grof, psiquiatra checoslovaco, además de su original presentación de lo que llamó matrices perinatales básicas, que se refieren a cuatro tipos de experiencias arquetípicas alrededor del momento del parto, clasificó hasta veinticinco tipos de experiencias propiamente transpersonales. Grof ha trabajado con cientos, miles podemos decir sin temor a equivocarnos, de pacientes, clientes y buscadores de todo tipo, en una primera etapa experimentando terapéuticamente con LSD, más tarde a través de la respiración holotrópica, técnica creada por él y su mujer, y la clasificación se basa en experiencias vividas por estas personas, y muchas de ellas por él mismo y sus colaboradores.

Su trabajo ofrece un análisis detallado de los estados no-

---

3.   Puede verse una ilustración de la crítica al perennialismo en la tesis doctoral de Jorge N. Ferrer, publicada en libro como Jorge N. Ferrer, *Revisioning Transpersonal Theory*, SUNY, Nueva York, 2002. (Hay traducción al castellano en Kairós, con el título de *Espiritualidad creativa*. Y una exposición del giro participativo en Jorge N. Ferrer y Jacob Sherman [eds.], *The Participatory Turn*: *Spirituality, Mysticism, Religious Studies*, SUNY, Nueva York, 2009. Hay traducción también en Editorial Kairós: *El giro participativo*).

ordinarios de conciencia. Como se sabe hay varias expresiones similares a esta que preferimos, como estados ampliados de conciencia, estados expandidos de conciencia, o el más frecuente, pero menos afortunado: estados alterados de conciencia. Y dentro de ellos Grof se centró particularmente en lo que denomina estados holotrópicos para indicar ese movimiento hacia la totalidad que ellos mismos parecen realizar. No es necesario exponer en detalle su amplia clasificación, basta con destacar algunos, como muestra. Por ejemplo: vivencias de encarnaciones pasadas, precognición, clarividencia, clariaudiencia, unidad con la vida y con toda la creación, conciencia planetaria, el vacío supracósmico y metacósmico, etc.[4]

Ni que decir tiene que esto supone una importantísima ampliación del campo de la experiencia. Claro que está en juego si tras la fenomenología de las vivencias no-ordinarias, esto es la descripción de lo vivido en esos estados no-ordinarios de conciencia, podemos dar el salto a la afirmación metafísica de la realidad de lo allí vivido. Por ejemplo, en las experiencias de vidas anteriores, ¿realidad o ilusión?, o en la experiencia de conciencia cósmica, tal como la relató el psiquiatra canadiense Richard Bucke, y así con todas las demás indicadas. En muchas de ellas no hay posibilidad de replicación, de reproducción en laboratorio, ni de observación intersubjetiva de lo vivido. Por tanto, su estatuto ontológico está en cuestión. Es cierto que la acumulación de casos en una misma

---

4.	Véase de S. Grof, de entre sus muchas obras, para esto que nos ocupa aquí: 1) *La mente holotrópica: los niveles de la conciencia humana*, Kairós, Barcelona, 1994; 2) *El juego cósmico: exploraciones en las fronteras de la conciencia humana*, Kairós, Barcelona, 1999; 3) *Cuando ocurre lo imposible: aventuras en realidades no ordinarias*, La Liebre de Marzo, Barcelona, 2008.

dirección invita fuertemente a tomarse en serio la posible realidad de tales experiencias... transpersonales. Tendremos que analizar otro caso destacado, con un cierto detalle, como es el de las experiencias cercanas a la muerte. ¿Realidad o alucinación?

En cuanto al concepto de razón, podríamos decir que aquí queda subordinado a la noción de conciencia, aunque nos salgamos del enfoque fenomenológico, pues podríamos decir que, justamente, el término *conciencia* (o, como suele preferirse ahora, estableciendo una distinción entre ambos términos, *consciencia*) ha ido adquiriendo carta de ciudadanía en muchos de estos estudios transpersonales, hasta constituirse, también aquí, en uno de los conceptos centrales. La razón científica, y la razón filosófica, tanto en su modalidad racionalista como en su versión empirista parecen quedarse cortas aquí y tienen que dejar paso y atender a lo que ocurre con una experiencia ampliada y una conciencia igualmente expandida.

10. ¿Constituyen las experiencias cercanas a la muerte un refuerzo de la concepción de una filosofía perenne?

Pocas cosas hay que inquieten más al ser humano que su propia muerte. Buscamos un sentido a la existencia y, sea cual sea nuestra respuesta, la muerte aparece con su guadaña impidiendo nuestro paso. Se ha dicho que la filosofía no es sino *meditatio mortis*, una meditación sobre la muerte. Diríase que hay una intuición en el ser humano que le lleva a concluir que si con la muerte termina todo, la vida no tiene sentido, o al menos el sentido queda truncado frente a lo que un profundo anhelo de inmortalidad, más allá del instinto de supervivencia biológica, nos empuja a pensar.

Las religiones se han visto como un consuelo ante este temor a la muerte. Pero el tiempo de las religiones institucionalizadas parece haber pasado. Rasgar el velo que cubre el rostro de la muerte es uno de los sueños más acariciados en la historia del ser humano. Sin embargo, la muerte se ha convertido en un tabú del que resulta difícil hablar, aunque sea para mirarla de frente y concluir que el ser humano es un ser-para-la-muerte (Heidegger).

Dejaremos de lado aquí lo que las distintas tradiciones religiosas han dicho en sus escatologías acerca de la muerte y del más allá para centrarnos en un fenómeno que, si bien ha ocurrido y ha sido conocido desde siempre, en los últimos cincuenta años ha cobrado una fuerza y un relieve especial. Y decimos cincuenta años porque puede tomarse la obra pionera de Raymond Moody, *Vida después de la vida*, en 1975, como punto de partida de los estudios, primero retrospectivos, más tarde, con un mayor rigor, prospectivos, a partir de la investigación de Pim van Lommel, cardiólogo holandés, acerca de esa experiencia peculiar que comenzó denominándose *near-death experience*, y aquí se ha traducido como «experiencia cercana a la muerte» o también, en ocasiones, como «experiencia de casi muerte».

Es cierto que hay otros pioneros incluso anteriores, como la doctora Elizabeth Kübler-Ross, quien con su acompañamiento a los moribundos sostuvo una larga observación y reflexión sobre lo que sucede al morir, no solo las distintas fases por las que pasa quien recibe la noticia de su muerte, sino también las diferentes experiencias que rodean a ese fenómeno.

En este medio siglo se han sucedido un buen número de investiga-dores científicos que, venciendo los prejuicios epocales que reinaban en la ciencia médica, han estudiado lo más meticulosamente posible este tipo de experiencias y las razones que nos llevan a pensar que podrían constituir un apoyo a la existencia de una filosofía perenne, quizás una vez liberada esta de sus rigidices y sus propios dogma-tismos. Obviamente, puede analizarse el fenómeno –se ha llegado a hablar del surgimiento de toda una cultura de las experiencias cercanas a la muerte o ECM (siglas que utilizaremos para referirnos a estas experiencias)– con total independencia de la filosofía perenne, pero aquí queríamos ponerlas en relación con este ideal regulativo del saber.

Son muchos los nombres de médicos, pediatras, cirujanos, psiquiatras, etc., que han dedicado décadas de su vida a estudiar el fenómeno. Basten los nombres de Raymond Moody, Kenneth Ring, Jeffrey Long, Michael Sabom, Sam Parnia, Bruce Greyson, Pim Van Lommel y Eben Alexander.

El doctor Moody estableció desde su primera obra la existencia de doce pasos que aparecerían en las ECM. Esto no significa que en todas ellas aparezcan los doce, pero tal reconstrucción ideal supone un buen comienzo para aproximarnos al fenómeno.

Ahora bien, más que enumerar los pasos, tratemos de realizar una recreación general de lo que sería una ECM completa. El contexto es secundario, pero podemos imaginar que una persona se halla en el quirófano, a punto de ser intervenida quirúrgicamente. Quizás está perdiendo mucha sangre. De pronto, el sujeto siente que «sale de su cuerpo» y se percibe situado por encima de él, en una esquina de la habitación. Esto es lo que se conoce como experiencia fuera del cuerpo o experiencia extracorpórea. Y lo primero que siente es un estado de inmensa paz, una paz que no había conocido a lo largo de toda su vida. Además, «ve y oye» lo que están haciendo y diciendo los médicos y las enfermeras en el quirófano, que quizás están comentando que se les está yendo, que el corazón no responde, el electroencefalograma da ya plano, etc. Poco después, el sujeto de la experiencia percibe la presencia de algunos familiares ya fallecidos o de algunos seres de luz, como si vinieran a recibirlo. Hay una comunicación, obviamente telepática, pues el cuerpo yace, diríase que sin vida, o al menos inconsciente, anestesiado, en la camilla. En algún momento, la sensación es de atravesar una especie de túnel (¿un agujero de gusano interdimensional?), al final del cual se vislumbra una luz que es cada vez más intensa. Conforme se va acercando a esa luz y ante su presencia, siente que no es solo luz, sino un ser, una conciencia, que emana un amor y una comprensión muy profundos, como no había experimentado mientras estaba en la encarnación. Puede haber una comunicación también con esa luz amorosa, ese magnífico ser de luz, y quizás junto a él tiene lugar una impresionante revisión de vida. En un espacio-tiempo muy distinto del conocido habitualmente, ocurre una retrospección vital, en la que puede contemplarse toda la propia vida o algunos fragmentos especialmente significativos de ella. Aunque las escenas, que no solo se ven, sino que se reviven, sean muy duras, no hay juicio, ni por parte de ese ser de luz (o del grupo de seres de luz, según cada caso, ni por parte del «alma» del sujeto de la experiencia, que ahora vive todo ello fuera de su cuerpo físico, en un estado desencarnado). Sorprendentemente, no solo se reviven con intensidad, aunque por lo general con cierta distancia psicológica, las propias emociones y pensamientos, de hace quizás veinte o treinta años, sino que el individuo siente y conoce también las emociones y los pensamientos de las personas implicadas en una determinada situación.[1] Llega un momento en el que el sujeto de la ECM siente

---

1.   Un ejemplo citado por Kenneth Ring: «Todo lo que alguna vez pensé, hice, dije, odié, ayudé, no ayudé, debería haber ayudado, etc., se me mostró. Lo malo que fui con la gente, cómo podía haberles ayudado, lo cruel que fui con los animales. ¡Sí, incluso los animales habían tenido sentimientos! Era horrible. Me moría de vergüenza. Vi cómo mis acciones, o el no actuar, había afectado a otras personas y sus vidas. Solo entonces comprendí cómo cada pequeña decisión o elección afecta al mundo» (Ring, 2000, pág. 121). El siguiente ejemplo aparece en el libro de Bruce Greyson, *Después de la muerte*: «Mi madre era drogodependiente, siempre estaba enfadada, amargada [...]. Reviví todo mi trauma infantil. Pero yo no solo era yo, también era mi madre. Y mi padre. Y mi hermano. Éramos

que tiene que volver, o se siente empujado a hacerlo, o bien se le pregunta si quiere quedarse en ese «lugar», en ese «estado» o si quiere volver. Cuando su decisión, o el karma propio, le lleva a volver (como es el caso en todos los que narran su ECM), emprende un rápido viaje de vuelta al cuerpo, comenzando a percibir de nuevo los dolores corporales que sentía, relacionados con la operación o con el accidente. Se percata de que vuelve a estar dentro de su cuerpo.

Esto podría verse como una reconstrucción de algunos de los principales pasos que tienen lugar en las ECM. Muchos hablan no solo de la paz, la dicha y el amor ultraterrenos experimentados, sino también del acceso a un conocimiento total, un conocimiento profundo y elevado, tanto de cuestiones concretas como del sentido de la existencia. Como si en un momento, fuera del tiempo terrestre, se tuviera acceso a lo que el doctor Eben Alexander denominó conciencia infinita.[2] Este célebre neurocirujano no solo tuvo una ECM y la narró, sino que durante los años posteriores investigó hasta sufrir un radical cambio intelectual, pasando de un férreo modelo materialista de la realidad a un nuevo paradigma basado en su propia ECM y en las de otros muchos, al que denominó «idealismo metafísico». Quizás pueda considerarse que se trata del acceso a lo que hemos denominado *gnosis* o *sophia*, a una conciencia y un conocimiento que diríase consumación de la filosofía. Una especie de conciencia y conocimiento suprarracionales, que sitúan en un nuevo lugar el papel de la razón, como ins-

---

todos uno. Sentía el dolor de mi madre y su propia experiencia de haber sido abandonada en la infancia». (Greyson, 2021, págs. 65-68).

2. Eben Alexander, *Conciencia infinita,* Sirio, Málaga, 2022.

trumento dedicado a concretar y poner en palabras y argumentos, estableciendo relaciones significativas, aquello que la trasciende.

Basten dos textos que expresan en primera persona, por parte de sujetos de la ECM, algo de lo que estamos diciendo:

> Me sentí envuelta e imbuida por completo por una omnipresencia de luz indescriptiblemente cálida y amorosa. La serenidad y el amor incondicional que emanaban de ella a través de mí están fuera del alcance de la descripción verbal. Había una transferencia directa y sin obstáculos del pensamiento, más bien como una forma de conocimiento compartido que inundaba cada célula de mi ser. Aquello era yo y no era yo. Yo era aquello y no lo era. Yo estaba en ello, era parte de ello, y al mismo tiempo seguía manteniendo mi esencia única e individual. Sabía que para esta presencia de luz y sonido yo era extremadamente preciosa, como si fuera uno de sus átomos. Una gota del océano es la misma esencia del océano, aunque no es el océano; el océano solo está completo con la presencia de cada una de las gotas que lo componen. Ese es el modo en que yo me relacionaba con la luz y el sonido en los que estaba inmersa.[3]

Es el caso de Tracy, una joven agnóstica que tenía veintisiete años cuando tuvo esta experiencia. Vemos la presencia de la luz omnipresente, la serenidad y el amor indescriptibles, un conocimiento transmitido de modo directo, una unión o comunión con el misterio, sin perder la identidad de la propia esencia personal

---

3. Citado por Greyson, 2021, pág. 74.

(«Yo era aquello y no lo era», «Yo estaba en ello, era parte de ello y al mismo tiempo seguía manteniendo mi esencia única e individual»). Estamos ante una descripción que encajaría más bien en un modelo no-dualista, pero con modificaciones, una especie de no-dualismo orgánico, más cerca de la concepción de un Ramanuja o un Sri Aurobindo que de la de un Shankara o un Ramana Maharshi, pues la individualidad esencial no se pierde. Tendremos que volver a ello más tarde.

El segundo texto, de los muchos que podrían citarse, esta vez recogido en la obra de Pim van Lommel, me parece especialmente impactante y rico en contenido:

Vislumbré en la distancia una luz que nunca antes había visto en la Tierra. Tan pura, tan intensa, tan perfecta. Supe que era el ser hacia el que debía dirigirme. No sé cómo sucedió. No tenía que pensar; lo sabía todo. Ya no tenía problemas de movilidad. Ya no tenía cuerpo. Ese peso muerto había desaparecido. Lo atravesaba todo. Al fin me di cuenta: aquí no hay espacio ni tiempo. Aquí nos encontramos siempre en el presente. Eso me llenó de una enorme sensación de paz. La sentía como si hubiera experimentado la Luz. Es el pináculo de todo cuanto existe. De la energía, del amor especialmente, de la calidez, de la belleza. Estaba inmerso en un sentimiento de amor universal. Comprendí, claro como el agua, por qué había tenido un cáncer. Por qué había venido a este mundo en primer lugar. Qué papel desempeñaba cada miembro de mi familia en mi vida, dónde estábamos situados todos en el gran esquema de las cosas y, en general, en qué consiste la vida. La claridad y capacidad de comprensión de las que disfrutaba en ese estado son sencillamente indescriptibles […]. En aquel mismo

instante, en una fracción de segundo, accedí a toda la riqueza del
conocimiento, a un saber y una comprensión globales. A todo
el conocimiento. El conocimiento universal. Entendí el origen
del cosmos, cómo funciona el universo y por qué la gente hace
lo que hace [...]. Comprendí el pasado, el presente y el futuro.
Contemplé la evolución. Todo y todos evolucionamos y nos
desarrollamos juntos [...] también vi hacia dónde se encamina la
evolución, cuál es su fin último (Van Lommel, 2002, págs. 68-69).

Repárese en la complementariedad de Luz y de Ser, así como
el sentimiento de amor universal. Y en cuanto a esa gnosis vis-
lumbrada, esa especie de conciencia supramental, que resitúa el
lugar de la razón discursiva, según se dice, no tenía que pensar,
y sin embargo lo sabía todo. La noción habitual de tiempo no se
aplica allí. «Aquí no hay espacio ni tiempo [...], nos encontramos
siempre en el presente». ¡Se supone que el tiempo y el espacio
son, para Kant, las condiciones *a priori* trascendentales, impues-
tas por nuestra sensibilidad para captar cualquier cosa! Pero es
que justamente en estas experiencias se han saltado las barreras
limitantes de los sentidos, por ello es posible otra percepción,
otra intuición no-sensible, mientras que para Kant toda intuición
era necesariamente intuición sensible, al menos en el caso del conocimiento humano. Quizás esto sea cierto para la «inteligencia
sentiente» (Zubiri), pero no para una inteligencia anímica, supra-
sintiente, si por sentidos entendemos tan solo los relacionados
con el cuerpo físico.

La cognición que tiene lugar es extraordinaria, del marco general, del origen del cosmos, del funcionamiento del universo, la
evolución y hacia dónde se encamina, hasta aquello más concreto

que le había llevado a padecer un cáncer. «Accedí a toda la riqueza del conocimiento», «el conocimiento universal», «un saber y una comprensión globales».

¿No son estos signos esperanzadores de un saber suprarracional-discursivo y de una experiencia transempírica que serían posibles no solo «tras la muerte» o en una experiencia de casi muerte», sino también en la vida? ¿No tendrá esto algo que ver con la afirmación platónica de que «filosofar es ejercitarse en morir»? ¿No será el destino de la filosofía alcanzar la sabiduría que adviene en este estado de casi-muerte? ¿No son estas descripciones de una verdadera sabiduría, de una maravillosa *sophia*, de una gnosis capaz de generar, desde esta *sophia perennis* una *philosophia perennis* sin pretensiones, no obstante, de exclusividad ni de agotar las posibilidades de lo real?

Quizás se pueda postular la existencia de una Sabiduría perenne, una Cosmosofía, una Antroposofía, como experiencia inefable e irreductible a cualquiera de sus expresiones, y sin embargo ser muy conscientes de las inevitables limitaciones de toda formulación racional, de toda elaboración por parte de la razón mental, a la hora de dar cuenta de todo ello. Eso llevaría a una mayor humildad entre los exponentes teóricos de cualquier filosofía perenne.

***

Una cosa es la fenomenología de las ECM, y otra, la interpretación de tan sorprendentes «vivencias». ¿Qué tiene que decir la ciencia de tales experiencias? ¿Hay un paradigma científico vigente que pueda hacer frente a ellas, interpretarlas debidamente o rechazarlas como alucinaciones sin sentido?

Esto último ha sido la respuesta dominante, y sigue siendo la más frecuente. Hay relatos de recepciones asombrosas ante la descripción de una de esas experiencias, hace tan solo décadas. Desde considerarlas obra demoníaca hasta remitir al paciente que la contaba a la consulta del psiquiatra. Las cosas están cambiando, pero muy despacio. Ahora bien, independientemente de esas actitudes trasnochadas, ¿qué tiene que decir la ciencia ante la acumulación de miles, muchos miles, de experiencias similares y que casi de forma unánime se consideran, sin sombra de duda, no solo reales, sino hiperreales, ultrareales, más reales que la vida cotidiana, y además está más que demostrada la fuerza positivamente transformadora en la inmensa mayoría de los sujetos que la han experimentado?

La pérdida del temor a la muerte, que no es poco, atenazados como solemos estar por tal miedo, es una de las características más visibles, pero es toda la tabla de valores la que suele cambiar en estos casos, generando un mayor respeto a toda vida, a la naturaleza, a los animales, a los seres humanos, un mayor sentido de sacralidad y valor de la existencia, una actitud de gratitud ante el vivir, etc.

Quizás sea la neurociencia la que pueda responder a la tradicional relación entre el cuerpo y el alma o, en términos más modernos, entre el cerebro y la mente, o la conciencia, pues ya hemos visto que convenía diferenciarlos. Hay unos casos particularmente relevantes y son los relatos de ECM en niños, por una parte, y en invidentes de nacimiento, por otra parte. K. Ring es uno de quienes se especializó en estos últimos. Y Sam Parnia, como pediatra, en los primeros.

Hay muchas hipótesis y teorías científicas que han tratado de cuestionar la validez de las ECM como relatos de realidad. La mayoría de ellas no se deben a comprobaciones suficientemente verificadas o a falsaciones controladas, sino a sugerencias y suposiciones desde el paradigma científico hegemónico, según el cual, tales percepciones y experiencias durante el momento controlado en el que se está registrando un electrocardiograma y un electroencefalograma plano no son posibles. Es cierto que no siempre está el sujeto monitorizado para saber que eso es así, de ahí que las principales hipótesis para descartar el carácter ontológicamente fuerte de tales experiencias aludan a la anoxia o la hipoxia, la ausencia o el descenso notable de oxígeno en sangre, acompañado de la sobrecarga de dióxido de carbono, todo lo cual explicaría el que no fueran más que «alucinaciones» de una mente angustiada ante el peligro de muerte inminente. Pero se ha mostrado que muchas ECM suceden sin hipoxia y que el exceso de dióxido de carbono produce solo imágenes esporádicas y deshilachadas, no percepciones lúcidas y revisiones de la propia vida altamente relevantes.

Que se debe a ciertas reacciones químicas del cerebro ante sustancias que alteran las funciones cerebrales era la primera respuesta esperable. Por ejemplo, se sabe que la ketamina, como otros psicodélicos, provoca alucinaciones. Pero no se han encontrado sustancias similares en el caso de los sujetos de ECM en los que ha podido comprobarse.

Algunos medicamentos son conocidos también por provocar alucinaciones. ¿No se deberá a eso? Médicos y enfermeras, con amplia experiencia en este campo, aportan muchos casos de individuos que no estaban medicados y han tenido una ECM.

Desde el punto de vista psicológico, se ha querido acentuar el papel de las expectativas, los temores, las creencias, tanto en la producción de la experiencia como en el contenido de esta. Baste con la conclusión de Pim van Lommel, siempre rigurosamente científico: «El resumen de los enfoques psicológicos descritos nos lleva a la conclusión de que la mayoría de ellos fracasan en el intento de dilucidar las características empíricas de una ECM» (Van Lommel, 2002, pág. 173).

Pero, ¿no es posible que con toda la tecnología que tenemos actualmente para el estudio del cerebro (electroencefalograma, magnetoencefalograma, imagen por resonancia magnética funcional, tomografía por emisión de positrones, etc.) podamos concluir que los procesos mentales dependen totalmente del cerebro? Si fuera así, ¿cómo aceptar, cómo dar sentido, ya al primerísimo paso de las ECM: el verse, vivirse, saberse «fuera del cuerpo» (*out of the body experience*)?

¿No será que la mente y la conciencia, aunque casi siempre las hayamos visto asociadas al funcionamiento cerebral, gozan de una cierta independencia respecto de este? Son cada vez más los científicos que comparten la teoría del filtro, desde que la propusieran, hace ya más de un siglo, tanto Frederick Myers (uno de los fundadores de la Society for Psychical Research) como su amigo, el célebre psicólogo y filósofo William James. Dicha teoría afirma que el cerebro no es el productor, el generador del pensamiento, sino tan solo un filtro que, en realidad, lo que hace es más bien traducir, reduciendo su riqueza, la información procedente de otro nivel de la realidad. Investigadores de las ECM, como Eben Alexander, Bruce Greyson, Pim van Lommel y otros suscriben esta visión que, obviamente, pone patas arriba todo el paradigma materialista dominante, que considera el pensamiento y la conciencia una especie de epifenómeno, casi de segregación del cerebro, sin el cual no podría tener existencia alguna.[4]

Tenemos que preguntarnos si, entretanto, ha podido elaborarse un paradigma científico alternativo que pueda dar cuenta satisfactoriamente de las ECM. ¿Quizás la física cuántica pueda echarnos una mano? Sí, cómo no.

Pim van Lommel ha sido uno de los que ha intentado aplicarla. Sobre todo a partir de la noción de no-localidad, de una conciencia no-local, y de la idea del entrelazamiento cuántico. Y es que la mente, abierta a la conciencia no-local, banco de toda la información disponible, podría tener acceso a ese extraordinario conocimiento que hemos ilustrado con unos cuantos textos, sin la reducción del filtro cerebral.

El vacío cuántico, en una dimensión no-local, sería el depósito de esa riquísima información a la que parecen tener acceso los sujetos de las ECM. Permítasenos citar directamente al doctor Pim van Lommel:

> Este vacío absoluto, este espacio no local, podría constituir la base de la conciencia. Apoyo la interpretación de los investigadores a los que ya he aludido con anterioridad (Von Neumann, Wigner, Josephson, Wheeler y Stapp), la cual plantea que dicho espacio no local es mucho más que una descripción matemática: es un espacio metafísico en el que la conciencia puede ejercer su influjo porque posee propiedades fenoménicas. Por fenoménicas entendemos que están basadas en la percepción subjetiva o, literalmente,

---

4.   Me he ocupado con más detalles de las ECM en *Eres inmortal: experiencias cercanas a la muerte y un mapa del más allá*, Siglantana, San Cugat, 2024.

«percepción subjetiva en la mente». Según esta interpretación, la conciencia tiene una presencia dominante en el universo, y toda la materia posee propiedades subjetivas o conciencia; la conciencia es no local y constituye el origen o cimiento de todo: toda la materia o realidad física ha sido conformada por la conciencia no local. Así, ya no existiría ninguna distinción entre espacio no local y conciencia (Van Lommel, 2002, pág. 281).

Quizás no sea demasiado arriesgado relacionar este espacio-conciencia no-local, con la conciencia no-dual de las tradiciones hindúes (vedánticas o tántricas), así como de las tradiciones budistas (Mahayana o Vajrayana). Y probablemente a esto se refiere el doctor Eben Alexander cuando describe el nuevo paradigma que él mismo ha ido reconstruyendo, en diálogo con otros investigadores de este campo, como «monismo idealista». ¿Acaso no era esta la visión upanishádica, como decíamos, o la base de Plotino y el neoplatonismo, tan influyente en las primeras versiones de la *philosophia perennis*? ¿Anda muy lejos el idealismo absoluto hegeliano de una concepción así? Y el mundo inteligible de Platón, las ideas o arquetipos atemporales de las cosas del mundo sensible, ¿no podrían entenderse, dada su inespacialidad y atemporalidad (véase «eternidad», realidad fuera del tiempo), como existentes en dicho espacio no-local, en ese vacío cuántico, peligrosamente afín, aunque solo sea por su significante (más que por su significado), a *shunyata,* la vacuidad budista, aceptado el difícilmente aceptable salto metafísico que así daríamos?

No descartamos que se hallen aquí elementos que podrían reconstruir, de un modo libre de prejuicios, dogmatismos y estrecheces exclusivistas, una reformulación de cierta *sophia perennis*.

11. Idealismo espiritualista versus naturalismo materialista: hacia una hermenéutica fenomenológica

Eben Alexander propone denominar idealismo metafísico al enfoque filosófico que mejor daría cuenta de las ECM. La filosofía ha sido fundamentalmente, a lo largo de su historia, metafísica. No por la mera colocación de los libros aristotélicos sobre la filosofía primera a continuación de los libros de física, como se le ocurrió hacer a Andrónico de Rodas, sino porque se ocupa de aquellas realidades que están más allá de lo físico. Así se impuso a lo largo de la historia.

En realidad, no solo la metafísica, sino también el «idealismo» fueron dominantes, desde los orígenes de la filosofía hasta mediados del siglo XIX. Es cierto que encontramos concepciones «materialistas», aquí y allá, desde los comienzos mismos del pensar, como una de las posibilidades filosóficas más a la mano, pues lo inmediato es, ciertamente, la existencia (real o aparente) de la materia, comenzando por nuestro propio cuerpo físico. Leucipo y Demócrito en la Grecia antigua, los *carvakas* en la India antigua, etc. Pero la ontología materialista, que entiende la materia como origen y naturaleza fundamental de todo lo existente, no comienza a ganar terreno significativamente hasta el siglo XVIII, con algunos de los ilustrados (D'Holbach, La Mettrie, etc.).

El idealismo puede denominarse también espiritualismo, y el materialismo ha sido concebido como naturalismo, sobre todo por ponerlo en contraposición a cualquier realidad concebida, fundamentalmente de manera religiosa, como algo sobrenatural. Si aceptamos que son estos los dos modelos principales de ontología, de metafísica, aunque una de ellas sea paradójicamente antimetafísica –pues a menudo se ha dicho que el materialismo es «mala metafísica»–, deberíamos plantearnos a qué preguntas responden sus respuestas principales. Y si tomamos como punto de partida esquemático la frecuente división en tres ramas del saber filosófico: cosmología, antropología y teología, como doctrinas acerca del cosmos o mundo, del ser humano y de lo Divino, parece que las respectivas respuestas son suficientemente claras.

Llegados a este punto, parece conveniente distinguir entre lo que nos dicen las ciencias (naturales y del espíritu o sociales) en un momento determinado y si más allá de ellas la reflexión filosófica tiene algo significativo que decirnos. Por ejemplo, en cuanto al origen del cosmos, simplificando mucho, podríamos decir que la ciencia física, la cosmología actual, se inclina como teoría más probable, y en ciertos sentidos «demostrada», la que afirma que el universo (cosmos o mundo como totalidad de lo existente) tiene su origen en un gran estallido, una gran explosión de una energía comprimida en una gran densidad y a partir de ello (el *big bang*) se fueron desarrollando los soles, los planetas, las galaxias, etc. La ciencia no podría ir más allá de esos primeros segundos de la existencia del cosmos. El resto sería «especulación metafísica».

Pero a menudo se confunde la ciencia, en tanto que método de investigación, con el «cientificismo» como ontología o metafísica (no distinguiremos, de momento, entre ambas) que realiza afirmaciones sobre la naturaleza de lo existente. Así, por ejemplo, la ontología materialista llevaría a afirmar que el origen de todo se halla en la materia-energía (una vez aceptada su mutua convertibilidad), y que es esta la sustancia fundamental de cuanto existe. Si seguimos con esta extrema simplificación (aunque ello no implique incorrección) y damos el salto al campo de la «antropología filosófica» (llamémosla así para diferenciarla de la antropología social y la antropología cultural, como ciencias empíricas, aunque sociales, tan importantes en los siglos XIX y XX), la pregunta que nos importa ahora es sobre el origen, la naturaleza y el destino del ser humano. Y desde mediados del siglo XIX, justamente cuando decíamos que gana terreno la concepción materialista, comienza a imponerse la idea de que el ser humano es un producto de la evolución biológica, de la evolución de las especies, a través de la adaptación al medio, para sobrevivir, y de mutaciones azarosas que permitirían la supervivencia de los más aptos para la vida.

Esa génesis encajaría a la perfección con la consideración de que básicamente el ser humano es un ser natural (sin referencia a ninguna esencia espiritual), un animal extrañamente algo más evolucionado que el resto de los animales, al menos en cuanto a sus funciones cognitivas y tecnológicas. Y he aquí que a este «ser-ahí» le pertenece la tendencia a comprender, a preguntarse el cómo y el porqué de las cosas. Y a pensar en el pasado y el futuro, aunque lo haga siempre desde el presente, y por ello se siente concernido por su futuro y se plantea, a partir de la experiencia universal de la muerte biológica, su posible supervivencia. Ahora bien, en la concepción que estamos analizando, de la mano de una ciencia con presupuestos materialistas, el destino del ser humano individual no puede ser otro que perecer y dejar de existir como tal individuo, cuando sobreviene la muerte y la descomposición del cuerpo físico.

Big bang como explosión primigenia (o una de una serie de ellas, tras los correspondientes *big crunch*) de una energía material, significando esto que presupone la ausencia de cualidades como la conciencia, la inteligencia, el amor, etc. Evolución de las especies, entendida al modo neodarwinista, en alguna de sus diversas modalidades, y descomposición del ser humano, carente de toda esencia espiritual que pudiera sobrevivir.

En cuanto al tercer aspecto, referente a lo Absoluto, lo Divino o Dios, el materialismo tiende al ateísmo, aunque en ocasiones, sin unas fronteras muy claras, se prefiera hablar de agnosticismo, conscientes de la imposibilidad humana de afirmar con certeza si existe o no algo así como Dios o algún tipo de Absoluto.

***

A diferencia de ello, la filosofía idealista o espiritualista suele afirmar, en aquellos elementos que poseen en común las distintas versiones, lo siguiente:

> a) Ante la existencia del universo, su orden, sus leyes matemáticas, su asombrosa riqueza, su despliegue rítmico, la inteligencia y la bondad surgidas tras la aparición del ser humano invitan a pensar que el Origen y la Esencia última de la realidad no sea una Energía-Materia carente de los atributos que posteriormente hemos visto surgir.

A nuestra razón (ciertamente, no la razón empírico-científica, sino la razón que busca comprender y hallar sentido por los medios que sean, y que no queremos llamar razón metafísica o razón especulativa, por las deficiencias de las que se encuentra aquejada) le parece más razonable aceptar, al menos como altamente probable, la existencia de una Idea (así es en Hegel, antes de que en su despliegue lógico-histórico merezca el nombre de Espíritu), una Inteligencia (el *Nous* de Anaxágoras, Aristóteles y otros), un conjunto de Ideas-Formas-Arquetipos eternos (como en Platón), un Logos (creador de todo lo existente), Razón y Palabra/Verbo, una Conciencia infinita (el Brahman Sat-chit-ananda del hinduismo), un Dios (o el Dios único, aunque dado el carácter más filosófico que religioso de esta noción casi preferiríamos evitarla), en suma el Absoluto de algunas filosofías. La razón se sentiría más en casa aceptando aquel principio que nos lleva a pensar que de lo menos no puede surgir lo más, de manera análoga a como de la nada, nada puede surgir. Lo menos, en este caso, sería la materia-energía, la inconsciencia, lo no-inteligente. Y lo más sería la vida, la mente, la conciencia, la inteligencia, el amor.

b) En el caso del ser humano, estaría más claro en la concepción idealista-espiritualista su naturaleza y su destino (pensamos en esa hermosa obra de Fichte, importante idealista alemán, que lleva por título, justamente, *El destino del hombre* y no en una especie de pre-destinación luterana) que su origen, ante el que caben varias posibilidades.

En lo que respecta a su naturaleza, la idea en común es que la esencia del ser humano es de orden espiritual. La noción clásica de esencia consiste en afirmar que es aquello que hace que un ser sea lo que es y no otra cosa, por lo que si permanece esa esencia, sigue siendo lo que es. Hay que señalar que frente a esta esencia individualizadora o especificadora, en algunas tradiciones orientales, la Esencia de cada cosa y de cada uno no es ese principio de individuación, sino justamente el Ser universal y/o trascendente. Por ejemplo, Brahman en el Vedanta hindú no-dualista.

Pues bien, la característica de este tipo de antropología espiritualista consiste en afirmar que el ser humano es esencialmente una esencia espiritual, valga la redundancia. Esta puede concebirse bien como individual (en las tradiciones dualistas así suele ser, y se piensa así como radicalmente diferente del Ser divino o Espíritu absoluto), bien como supraindividual y por tanto el destino final no incluye ninguna supervivencia o inmortalidad personal-individual, sino solo el reconocimiento de nuestra atemporal naturaleza en tanto que Espíritu infinito. Sería el caso de las visiones no-dualistas radicales, como claramente el *kevaladvaita* de Shankaracharya en el hinduismo o la interpretación del budismo que aquí sugeriríamos, según la cual la Esencia supraindividual del ser humano es el *Dharmakaya* o la budeidad.

Chispa divina, alma, espíritu, *atman*, *purusha* o budeidad serían algunos de los términos que, independientemente de la lectura individualista o supraindividualista que se haga en cada caso, apuntarían a la esencia del ser humano. En cierto sentido, este espiritualismo no sería un humanismo, ya que el ser-humano sería tan solo un modo de expresarse dicha esencia espiritual. Pero no entremos ahora a discernir en qué sentido podría llamarse humanismo y en qué sentido no.

Puede verse que la cuestión de la naturaleza (del ser humano) está íntimamente ligada a la cuestión de su destino. En cualquier caso, diríamos que frente al negacionismo materialista, que rechaza la supervivencia de algo que pudiera llamarse esencia trascendente al cuerpo, la afirmación común a los distintos tipos de espiritualismo sería la de la supervivencia y, en la mayoría de los casos, la inmortalidad de dicha esencia realmente existente. Incluso podría decirse que dicha esencia es de carácter atemporal; esto es, eterna. Habrá que distinguir, no obstante, entre esta eternidad *qua* atemporalidad, y lo que podemos llamar con Ortega y Gasset sempiternidad, que es siempre existente, pero en el orden temporal. Todo ello sería susceptible de una mayor especificación según las distintas versiones (religiosas, filosóficas, místicas o gnóstico-esotéricas).

Ahora bien, en cuanto al origen, en este caso, cabe distinguir entre el origen de la esencia espiritual del ser humano y el origen de este último en tanto que tal. Respecto a lo primero podríamos distinguir tres posibilidades, todas ellas transitadas en la historia de las religiones y de la espiritualidad. Podríamos llamarlas: creacionismo, emanacionismo y eternalismo. Dicho con la mayor brevedad posible. En el primer caso, el alma (utilicemos aquí este término, en el sentido de la esencia espiritual del ser humano) es creada por Dios en un momento determinado del tiempo. Dejemos de lado ahora la posibilidad de que pueda ser aniquilada (quizás por su incorregible «maldad») y quedémonos con el hecho de su inmortalidad, una vez creada. Sería la opción cristiana oficial y quizás la más frecuente en los diversos teísmos.

La segunda posibilidad la hemos denominado emanacionismo, pues el alma sería una emanación de Dios o lo Divino. La diferencia con la anterior estaría en que, en esta, su naturaleza es idéntica a lo Divino, como chispa del Fuego primordial, mientras que en el creacionismo se tiende a enfatizar la diferencia entre el alma y

Dios. En el eternalismo, el alma es una porción o fragmento eterno de lo Divino (como se afirma en la *Bhagavad Gita*, uno de los textos más célebres del hinduismo).[1] No es necesario desarrollar ahora esas tres perspectivas.

Respecto al origen del ser humano en tanto que «humano», el creacionismo bíblico lo mostraría como una creación efectuada de una vez por todas, como especie bien diferenciada del resto de las especies biológicas. En la versión aristotélica del cristianismo, siguiendo su teoría hilemórfica, el alma-forma-esencia y el cuerpo-materia habrían sido creados de manera simultánea, y la creencia en la resurrección de los cuerpos, interpretada literalmente, podría verse como correlato necesario de esa «impensabilidad» de un alma sin cuerpo, de una esencia inmaterial. En este caso, el parricidio no es de Platón a Parménides, sino de Aristóteles a Platón. Como se sabe, en el caso de Platón, el alma, como las Ideas, es eterna, y su hogar (a)natal es el mundo suprasensible. Esta independencia del alma respecto del cuerpo estaría presente en la otra gran corriente que encara el origen del ser humano como una unión (accidental) entre alma (esencial) y cuerpo (esencial para ser humano, pero no para ser espiritual). Sin cuerpo biológico humano, ¿tendría sentido seguir hablando de varón y mujer «humanos»?

Ahora bien, ese ser-esencialmente-un-espíritu, un ser álmico, pasando por una fase humana, abre a su vez un abanico de posibilidades. Sin entrar en más detalles, por el momento, podría decirse que una de las opciones barajadas consiste en aceptar a grandes rasgos la teoría de la evolución de las especies, pero no

---

1.   Véase Vicente Merlo, *Ensayo para una comprensión integral de la Bhagavad Gita*, Nous, Madrid, 2024.

con las implicaciones del evolucionismo materialista que ve en la mente y la conciencia una función del cerebro, un epifenómeno, por extraño que resulte, pensado como totalmente dependiente de un determinado tipo de cuerpo biológico y más en concreto de un tipo de cerebro determinado, surgido fruto de la evolución de las especies. En esta antropología espiritualista, en algún momento de la evolución, el alma se habría unido al cuerpo antropoide, al ser antropomórfico, constituyendo ese momento el eslabón perdido que marcaría el verdadero comienzo del ser humano en cuanto tal. A partir de ahí se daría una compleja dinámica entre las potencialidades anímicas y las potencialidades del cuerpo para dar lugar a la historia humana, tal como nos es más o menos conocida.

No faltan atrevidas propuestas que concretan este complejo proceso, pero exceden el campo de esta obra. Basten los nombres de H.P. Blavatsky, Rudolf Steiner, Alice Bailey, Max Heindel y tantos otros, para dejar constancia de detalladas descripciones de lo que se ha llamado antropogénesis o antroposofía. En este caso, no estamos ni en el terreno de las ciencias naturales, ni siquiera de las ciencias históricas (iba a decir ciencias del espíritu, como era frecuente en el siglo XIX, con W. Dilthey, por ejemplo, pero hay que recordar que justamente R. Steiner presentaba su antroposofía como una verdadera ciencia del espíritu, de carácter experiencial, esotérico), ni de la filosofía académicamente aceptada. También me gustaría diferenciarla del campo de la mística y enmarcar estas doctrinas en el campo del esoterismo, algo que debe quedar fuera de nuestra investigación en este caso.

Tan solo mencionar dos ideas. Una, relativa a la reencarnación, la doctrina que afirma que el alma pasa por una serie de encarnaciones diferentes, que, si bien está presente en la tradición occidental desde Pitágoras y Platón, fue una idea clausurada en esta tradición, quizás por la ortodoxia del cristianismo hegemónico, y quedó primero como un exotismo oriental (del hinduismo y el budismo sobre todo, aunque entendida de modos diferentes) y más recientemente como extrañeza esotérica dentro de lo que podemos llamar las enseñanzas esotéricas contemporáneas, de las cuales los cuatro autores antes citados constituyen una buena muestra.[2]

La otra idea es relacionar esta posibilidad de unión de las almas con los cuerpos telelógicamente preparados para ello durante una larga evolución, no solo con la hipótesis de la reencarnación, que no haría más que ampliar el sentido de la evolución, hablando no solo de una evolución biológica de las especies, sino también de una evolución espiritual de las almas, en la que entrar y salir del cuerpo al comienzo y al final de cada vida no sería algo que ocurriese una sola vez, sino en cada momento del proceso del vivir, constituido por el polo del nacer y el polo del morir. Además, las ECM, con el paso de la proyección extracorpórea, con esa «vivencia» de «salir del cuerpo» y gozar de «experiencias» en lo que podríamos considerar otras dimensiones de la realidad, apoyarían esta concepción de la independencia esencial del alma respecto del cuerpo humano.

c) En tercer lugar, está lo que denominábamos teología o filosofía del Absoluto. No se trata, obviamente, de revisar aquí las muchas teologías que en las religiones se han elaborado. Nos

---

2.   Me ocupé de la reencarnación en mi libro *La reencarnación: una clave para entender el sentido de la vida*, Sirio, Málaga, 2007. Se ha reeditado recientemente en editorial Siglantana con el título *La reencarnación: un viaje a través del tiempo; desde la antigüedad hasta nuestros días* (2025).

interesa tan solo esbozar las principales características de estos dos grandes modelos ontológicos (dejemos la noción de paradigma, en el sentido de Th. Kuhn, para las ciencias). Así, frente al ateísmo de la concepción del mundo materialista, encontramos aquí distintos tipos de teísmos (monoteístas o politeístas), de deísmos («la religión dentro de los límites de la mera razón»), de panteísmos, de panenteísmos o de monismos o no-dualismos.

Algunos de estos términos pueden solaparse, según el uso en cada caso. De la manera más breve posible, digamos que si el ateísmo niega la existencia de Dios (Absoluto o Espíritu infinito) y el agnosticismo se declara, con pretensiones de universalidad o como mera postura individual, incapaz de saber si existe una Realidad así o no, el teísmo defiende la existencia de un Ser Personal absoluto, Dios, creador del universo e inteligencia amorosa que rige todo lo existente, en el caso del monoteísmo: un solo Dios. En el caso del politeísmo, son muchos los dioses existentes, aunque no siempre quede claro, dado el lenguaje mítico-simbólico empleado en las mitologías religiosas, si se hallan supeditados a un primer principio metafísico unificador. Sería el caso del politeísmo hindú (A. Daniélou) con los *devas* subordinados a Brahman.

Los deísmos pueden entenderse, tal como insinuábamos con la frase kantiana antes entrecomillada, como el intento de la razón racionalista por defender la existencia de Dios desde la razón, al margen de revelaciones sobrenaturales y providenciales. En cuanto al panteísmo, los hay naturalistas, identificando *Deus sive Natura* al modo spinoziano (o determinadas interpretaciones de este), de un modo reduccionista, según el cual lo que llamamos Dios se agota en la Naturaleza, admitiendo el carácter generador de esta, o bien apuntan hacia lo que haríamos bien en denominar, con Karl Christian Friedrich Krause (1781-1832), panenteísmo, según el cual todo es divino, sí, pero lo Divino no se agota en este todo, pues más allá de la Totalidad está el Infinito, de modo que el término trata de expresar que todo-está-en-lo-Divino, que la Naturaleza también es parte de lo Divino, pero este no se agota en dicha Totalidad natural, sino que, sin negar su inmanencia, posee una dimensión trascendente, que está más allá de lo conocido como existente, de lo categorizable mediante el entendimiento humano.

Habría que preguntarse si esta ontología idealista-espiritualista, aquí esbozada de modo muy general, a la que parece apuntar Eben Alexander con su propuesta de un idealismo metafísico tras el análisis de su propia ECM y de la de otros muchos, o la visión que termina proponiendo Pim van Lommel, tiene algo que ver o puede incluso identificarse con la *philosophia perennis* en alguna de sus formulaciones.

Pero ontologías idealistas las ha habido en abundancia. Comenzando con Parménides, padre de la filosofía occidental y siguiendo con el propio Platón y lo que podríamos denominar su idealismo objetivista. Objetivista para resaltar el carácter no meramente intrasubjetivo, mental, de la Ideas, igualmente inmutables y atemporales, que, a diferencia de los conceptos o ideas pensadas por las mentes humanas, poseen un carácter de realidad objetiva fuerte, tan fuerte que los objetos del mundo sensible no son sino débiles copias de aquellas. Las Ideas son realidades objetivas, ultra-reales, hiper-reales (como denominan también los sujetos de esas peculiares «vivencias», esas «experiencias» suprasensoriales que narran tras sus viajes, diríase interdimensionales, al modo parmenídeo).

Otra cosa es el idealismo cartesiano, fundamentalmente epistemológico, en cuanto que las ideas pensadas por la mente (ya no las Ideas platónicas, aunque fuesen innatas) constituyen la primera «realidad» cognoscible de modo indudable, de manera que el hecho de que hay ideas, pensamientos, conceptos y, en general, lo que luego se llamará fenómenos psíquicos o contenidos de la conciencia, constituye la primera certeza incuestionable y fundamento del posterior sistema filosófico por él desarrollado, incluida la demostración de la existencia de Dios, a través del argumento ontológico –como dijimos ya– y la realidad del mundo exterior (a la conciencia), aunque solo sea porque el Dios perfecto, infinito, en su bondad, no podría ya querer engañarnos, algo creíble solo en el hipotético genio maligno anterior.

No profundizaremos en el idealismo subjetivo de G. Berkeley, quien, radicalizando la búsqueda cartesiana de certezas, esta vez en nombre del empirismo, sentencia que *esse est percipi*, ser es ser percibido. Impulso recibido por el idealismo husserliano tras la reducción fenomenológica.

Pero, antes de Husserl, recordemos que, a principios del siglo xix, tras la profunda reflexión de los idealistas alemanes previos (Fichte y Schelling sobre todo), exponentes del idealismo alemán, surge con majestuosidad el idealismo absoluto de Hegel (1770-1831), coetáneo también del mencionado Krause. Si Kant se ha considerado la madurez de la Ilustración, Hegel podría considerarse la madurez de la metafísica sistemática occidental y, por ende, del idealismo en su conjunto. La confianza en el poder de la razón lleva a Hegel a elaborar lo que probablemente constituye el sistema filosófico más complejo, completo y elaborado, «con el esfuerzo del concepto», un concepto capaz de extraer, dialécticamente, de sí mismo (de la propia razón) el sistema del pensar divino, las ideas tal como lógicamente han de estar en la mente de Dios, antes de la creación. Este esfuerzo de la *Ciencia de la lógica* vería su encarnación en el despliegue de la Idea en la Historia a través de la propia *Fenomenología del espíritu*.

Encontramos así idealismo (absoluto), en Hegel, espiritualismo, pues es explícitamente el Espíritu absoluto el que termina desplegándose en la historia, y fenomenología, como el recorrido dialéctico que sigue el Espíritu para llegar a re-conocerse plenamente, a través de lo otro-de-sí, de su alteridad, en ese saber absoluto que constituye la filosofía, último paso, tras el arte y la religión, tras el Espíritu subjetivo y el Espíritu objetivo. Racionalismo en su máxima expresión, como recoge su célebre, polémica y diversamente interpretada frase: «Todo lo real es racional y todo lo racional es real». La historia es la experiencia que realiza la Razón al manifestarse la Idea original, enajenándose al convertirse en Naturaleza, extrañamiento y alienación del Espíritu que solo tras lograr la auto-conciencia a lo largo de la historia se reconoce y realiza como Espíritu. La historia es la progresiva conquista de la libertad. El Espíritu es esencialmente libertad.

Esta fenomenología hegeliana no es la fenomenología husserliana a la que hemos hecho referencia ya. Quizás ambas puedan integrarse en una determinada hermenéutica que podría partir del intento de comprender (y desde Gadamer ya no olvidamos que comprender es, siempre ya, interpretar) las experiencias cercanas a la muerte, como podría hacerse también a partir de la rica serie de experiencias místicas, abundantes en todas las tradiciones espirituales de la humanidad, o si queremos diferenciarlas de ellas, y esa es nuestra propuesta, de las cogniciones gnóstico-esotéricas, tres terrenos estrechamente relacionados e igualmente delicados si se quiere conservar, si no el rigor científico de la verificabilidad o falsabilidad experimental, sí el rigor de una razón firmemente asentada en la experiencia. Aunque acaso para ello sea necesario revisar y transformar tanto nuestro concepto de razón como nuestra manera de entender la experiencia.

***

Quizás podría hablarse, justamente, de una hermenéutica filosófica, capaz de aprovechar las luces de la hermenéutica heideggeriana y gadameriana, tanto como las de la fenomenología hegeliana y husserliana. O acaso recorrer un nuevo camino, en el que tan solo indirectamente sus aportaciones nos acompañen, en tanto nos ayuden a «comprender».[3]

Ciertamente, la hermenéutica nace como interpretación y exégesis de los textos teológicos y jurídicos, que parten de una hermenéutica filológica. Y es que el lenguaje es el horizonte de una ontología hermenéutica, el centro en el que se unen yo y mundo: «El ser que puede ser comprendido es lenguaje» (Gadamer, 1991, pág. 567).

Pero todo lenguaje pertenece a una tradición y en esta resultan inevitables una serie de pre-juicios. La Ilustración emprendió una batalla, intentando desprenderse de todo prejuicio. Pero quizás

---

3. «La interpretación no es un acto complementario y posterior al de la comprensión, sino que comprender es siempre interpretar, y en consecuencia la interpretación es la forma explícita de la comprensión» (Gadamer, *Verdad y método*, Sígueme, Salamanca, 1991, pág. 378).

sea este un ideal imposible, utópico, aunque sirva como ideal regulativo.[4] Por eso, Gadamer recupera el valor de la tradición y propone hacernos conscientes de nuestros propios pre-juicios históricos, epocales, para poder entablar una genuina conversación con lo otro y los otros, con otras interpretaciones rivales, consciente de que la comprensión forma parte de un proceso histórico y cultural, pues «el que comprende está siempre incluido en un acontecimiento en virtud del cual se hace valer lo que tiene sentido. […] En consecuencia, es seguro que no existe comprensión libre de todo prejuicio, por mucho que la voluntad de nuestro conocimiento deba estar siempre dirigida a escapar al conjuro de nuestros prejuicios» (Gadamer, 1991, pág. 585).

$$***$$

Para simplificar, podríamos decir que en algunas de las ECM se une la inefabilidad de la experiencia mística, de la que destacaríamos su naturaleza más cercana a una afectividad transpersonal, y de ahí la abundante referencia a las inexpresables vivencias de paz, de gozo, de felicidad, de amor, de unión con esa Luz amorosa, con la riqueza de contenidos propia de la cognición gnóstica, a la que caracterizaríamos como una especie de cognición trans-racional.

---

4.   En el epílogo de la obra que estamos revisitando, Gadamer dice: «Considero que una ilustración total es pura ilusión» (Gadamer, 1991, pág. 646). Es interesante la polémica entablada, incluso después de la *Dialéctica de la Ilustración*, tanto por Habermas como por Apel, criticando, en cierta medida, la propuesta gadameriana. Pero eso es harina de otro costal.

Ahora bien, todo ello ha sido articulado en el lenguaje, a pesar de que, como es frecuente en los místicos, tras declarar la inefabilidad de lo vivido se lleve a cabo un esfuerzo por decir lo vivido, lo conocido en dicha experiencia. De ahí que el lenguaje de las ECM, de la mística y de la gnosis-esotérica[5] tenga que ser el hilo conductor de nuestro intento de interpretar-para-comprender, de comprender interpretando, la naturaleza y el alcance ontológico de las ECM.

---

5. Sabemos que el término *esoterismo* se ha empleado de manera abundante, no siempre con el mismo rigor, por autores y corrientes muy distintos, pero queremos dejar constancia del rigor presente en autores que se están ocupando académicamente de ello. Baste mencionar al holandés Wouter Hanegraff y al francés Antoine Faivre.

12. Los rostros del Infinito: Yo-Tú-Ello

No solo los sujetos de las ECM han quedado fascinados por esa Realidad última que se revela en la cumbre de su experiencia. Como decíamos, también los místicos balbucean su encuentro con lo Divino, su experiencia de Dios, su visión del Infinito. Y las teologías han tratado de racionalizar tales experiencias. En un lenguaje más filosófico, es lo que Jean Wahl (1888-1974) llamaba «la experiencia metafísica», expresión que dio título a su última obra. Wahl llegó a decir que «Es casi imposible tejer la historia de la metafísica sin tener en cuenta las experiencias religiosas de la mayoría de los grandes metafísicos» (Levinas, 1997, pág. 89).

William James nos ofreció su influyente reflexión sobre esta cuestión en sus *Gifford Lectures*, que darían lugar a su célebre obra *Las variedades de la experiencia religiosa*. W. James, en su diálogo con el empirismo, se esforzó por ampliar los límites de este y pedir que nos tomáramos en serio también la experiencia religiosa, la experiencia mística, la experiencia metafísica, la experiencia del infinito. Es esta la idea que estamos retomando aquí, para ponernos una vez más a la escucha de aquello que parece que escapa a los sentidos físicos y a la razón discursiva. Aquello que no es ni experiencia física ni especulación racional. Y cuando observamos los distintos intentos de logificar dichas experiencias en ese logocentrismo tan bien deconstruido por J. Derrida (1930-

2004), llama la atención los distintos modos de experimentar y comprender-interpretar lo infinito.

Ken Wilber ha hablado del Gran Tres o el 1-2-3 del Espíritu y ha señalado acertadamente la importancia de una comprensión integral de esta Realidad-Espíritu-Infinito. Históricamente, algunas tradiciones han tendido a ver la Totalidad como una especie de Red-de-la-Vida. En el budismo y más concretamente en esa magnífica obra que es el *Avatamsaka-sutra*, se expresa la idea, a la que ya hemos aludido anteriormente, de la inter-relacionalidad de todo lo existente («relatividad radical» prefería decir Raimon Panikkar), en términos de la Red de Indra, en la que todos los procesos (que no sustancias) están interconectados, y las aparentes entidades no son sino nudos de esa red. Cabe incluir aquí también algunas versiones del llamado «misticismo de la Naturaleza». Ahora bien, diríase, con Hegel, que aquí no se piensa lo Infinito como Sujeto (Espíritu), sino solo como Sustancia (Naturaleza objetiva).

Más frecuente ha sido concebir la Realidad última (y diríase que experimentarla, en el caso de las más elevadas experiencias místicas) como un Tú, como el Tú absoluto, lo Absoluto-como-Tú. Esto ha predominado en las religiones teístas, en las que es posible un diálogo, un encuentro, una comunicación, incluso una comunión, entre el alma y Dios, entre lo finito y lo Infinito. Una de las más brillantes tematizaciones de esta idea, en el siglo xx, la encontramos en Martin Buber (1878-1965), uno de los máximos representantes de la filosofía del diálogo. No solo del diálogo del ser humano con Dios, de nuestro yo con el Tú eterno, sino también del diálogo entre judíos y árabes (judío era él) en Palestina.

Era su manera de expresar lo que otro de los más grandes exponentes de la filosofía del diálogo, Gabriel Marcel (1889-1973), llamaba «el misterio ontológico» o «el misterio del ser». Hacia ese «Tú» no cabe sino la gratitud, por traernos a la existencia, y la entrega, en una confianza absoluta en su bondad amorosa.

Ahora bien, a otro de los más grandes pensadores del siglo xx, Emmanuel Lévinas (1906-1995), esta especie de «tuteo» al Absoluto no le hacía ninguna gracia. Ni la reducción del Infinito a Totalidad[1] –como si se tratara solo del conjunto de las cosas existentes, la totalidad de objetos, en última instancia–, ni la familiaridad del trato a lo «totalmente otro», considerándolo un tú, aunque fuese el Tú eterno, el Tú divino. Para Lévinas, Dios es la absoluta trascendencia respecto al mundo creado. Por eso, la tarea de «pensar a Dios» se convierte en uno de los mayores retos para la filosofía, pues este Infinito se encuentra más allá del ser.

Ya Descartes, en su tercera *Meditación metafísica,* quedó fascinado por la idea de Infinito, que no podía haber sido puesta por nosotros mismos, finitud radical, de modo que eso mostraba (de nuevo el argumento ontológico) el carácter innato de dicha idea, que no podía sino haber sido puesta en nuestra mente por el Dios trascendente. Pero Lévinas vio bien que la-idea-de-lo-Infinito-en-nosotros era una especie de monstruosidad y que exponerse a ella suponía una verdadera devastación del *cogito* y del *ego* que se sentía desbordado ante la presencia innegable de ese *cogitatum* impensable.

In-finito que puede entenderse, como el propio Lévinas supo

---

1.   Recordemos que la que quizás fue su principal obra llevaba por título, justamente, *Totalidad e infinito.*

hacer magistralmente, en dos sentidos: por una parte, salta a la vista de inmediato que es lo no-finito. Pero, por otra parte, de algún modo está en-lo-finito. No nos resistimos a citar al propio Lévinas, al menos una vez, en un texto, largo, complejo, pero revelador de esta dimensión de su pensamiento:

> El *in* de lo infinito designa la profundidad de la afección con la que está afectada la subjetividad por esta «puesta» de lo Infinito en ella, sin prensión ni comprensión. Hondura de un padecer que ninguna capacidad comprende, que ningún fundamento sostiene, en la que fracasa todo proceso de cerco y en la que saltan los cerrojos que encierran los recovecos de la interioridad. Puesta sin recogimiento, devastando su lugar como si de un fuego devorador se tratara, convirtiendo el lugar en catastrófico, en el sentido etimológico del término. Deslumbramiento en el que el ojo soporta más luz de la que puede; ignición de la piel que toca y no toca aquello que, por encima de lo que puede ser cogido, quema. Pasividad o pasión en la que se reconoce el Deseo, en la que lo «*más* en lo *menos*» despierta, con su más ardiente, antigua y noble llama, un pensamiento consagrado a pensar más de lo que piensa. Pero Deseo de un orden distinto a los de la afectividad y de la actividad hedónica o eudemónica en las que lo Deseable es investido, alcanzado e identificado como objeto de necesidad y en las que encontramos de nuevo la inmanencia de la representación y del mundo exterior. (Lévinas, 1995, págs. 119-120).

La subjetividad humana se ve afectada por esta «trascendencia-en-la-inmanencia» que supone (la idea de) lo Infinito. Hay que recordar que buena parte de la obra de Lévinas es un diálogo (crítico) con la fenomenología husserliana (y también con la analítica existenciaria heideggeriana). Estos son sus adversarios en el diálogo filosófico, aunque la huella de la fenomenología en él sea tan duradera que se siguiera considerando a sí mismo como fenomenólogo. Frente a estos adversarios, si cabe hablar de un «aliado», sería Franz Rosenzweig (1886-1929), quien publica su obra principal, *La estrella de la redención* (1921), cuando Lévinas tiene veintisiete años.

Ningún fundamento puede sostener ese «padecer» (ni la pasión religiosa que desata) incomprensible que hace saltar todos los cerrojos que encierran a la interioridad, la subjetividad del ser humano. Es una presencia devastadora que convierte el lugar en catastrófico. El ojo no soporta tanta luz (¿la Luz infinita, *Ain Soph*?), ni la piel resiste el fuego devorador (¿convirtiéndose en zarza ardiente?) que quema y arrasa. Y esa misma llama se convierte en Deseo, que es despertado por la presencia de «lo más en lo menos» (nervio, todavía él, del argumento ontológico, que parece perseguirnos). Y este Deseo (*Kama*, el Deseo primordial de ser que experimenta Prajapati y que provoca el movimiento del Uno hacia lo Múltiple; la desmembración de este Espíritu infinito trascendente es en la mitología hindú el origen de la manifestación) despierta nada menos que un pensamiento consagrado a pensar más de lo que piensa. Es el pensamiento y el Deseo (del) Absoluto.

Aquí nos hallamos, quizás, ante la experiencia del pensar, un pensar que, no por eliminación sino por intensificación, se trasciende a sí mismo y se topa, de frente, con lo totalmente Otro, que no es un Ello, ni un Tú, ni un Yo.

¿O acaso el Yo puede ser pensado de tal modo, sobre todo si

dicho pensar sucede tras la experiencia metafísica, la experiencia mística y el pensar se convierte en gnosis supramental, en conocimiento-por-identidad? ¿Podemos pensar lo Infinito como Yo? No un Yo que es para nosotros un Tú, sino nuestro propio y más verdadero Yo.

Puede, incluso, que este sea el gran reto de la experiencia y el pensamiento de las místicas no-dualistas, sobre todo si hablamos de un no-dualismo integral.

13. El esfuerzo del concepto para pensar el Espíritu infinito como Yo

Tras haber asistido al «estallido de la omnipotencia del logos» (Lévinas, 1995, pág. 136) y haber sido llamados a la experiencia metafísica como experiencia fundante de una ética que se basa no tanto en la razón como en el rostro del otro y la responsabilidad hacia él, emanada de su miseria,[1] volvemos a buscar, con una mirada nueva, los límites de la razón, del pensamiento. La ética ya no encuentra su descanso en la razón (monológica o dialógica) sino en la santidad como fuente de todo valor.

Aceptamos, pues, volver al esfuerzo del concepto, o quizás ahora ya a una razón transformada que ya no se esfuerza, sino que se abandona, se entrega al misterio del ser. Una razón supramental, podría decirse. Una intuición metafísica (nóesis platónica, intuición de las esencias fenomenológicamente reducidas) que comienza ofreciendo destellos de una gnosis transracional.

¿Cómo pensar, por tanto, lo In-finito en lo finito, la trascendencia-en-la-inmanencia, lo eterno (el Tú eterno) en la temporalidad

---

1. «Responsabilidad que es respuesta al imperativo de un amor gratuito que viene a mí del rostro del otro en el que se significan, a la vez, el abandono y la elección de su unicidad; orden del ser-para-el-otro o de la santidad como fuente de todo valor» (Lévinas).

del *Dasein*, lo Uno-en-la-multiplicidad, la Personeidad en todas las personas y hasta en la misma impersonalidad? ¿Cómo pensar lo In-finito como Yo?

Los primeros indólogos occidentales, con su herencia judeo-cristiana en la mochila, aunque en ocasiones un tanto descolorida ya, quedaron perplejos al descubrir, o al pensar, que la «religión budista» no era «religión», pues en ella no había ni Dios ni alma, por lo que debía ser una especie de «nihilismo», aunque Nietzsche todavía no había proclamado que este era el destino de Occidente. Y no menos asombrados y casi atemorizados se sintieron al escuchar la tesis upanishádica que proclama: *Aham brahmasmi*: «Yo soy Brahman». Por aquel entonces ya habían decidido traducir *brahman* como Dios. Y *atman* como alma. ¿Quién osaba decir «Yo soy Brahman», es decir «Yo soy Dios» (o lo Divino, el Misterio, lo Absoluto, el Infinito)?[2] ¿El *rishi* upanishádico que escribió, hace unos veintisiete siglos aproximadamente, la correspondiente *Upanishad*?

El misterio ontológico aquí se desvelaba al ahondar en la experiencia transhumana (esto sí que era auténtico transhumanismo) que tras la profundidad de la conciencia (aparentemente) individual dejaba brillar el esplendor de la Conciencia infinita que Brahman es. La conciencia individual es lo que llamamos *atman*, el sí-mismo, el verdadero yo, detrás de las vestiduras de la carne, las emociones y los pensamientos. En una re-flexión, como vuelta a sí-mismo, que era también genu-flexión ante lo Sagrado otorgador de santidad como valor supremo, el sujeto

---

2. Recordemos el destino del gran místico sufí Al-Hallaj cuando, tras su experiencia metafísica fundamental, exclamó «Yo soy la Verdad».

se descubría como Subjetividad absoluta (incluso en el budismo hallamos esta expresión para matizar el significado profundo de la llamada vacuidad [*shunyata*], concretamente en el maestro Zen Shibayama), pero no al modo ambiguamente fenomenológico de la Subjetividad trascendental, sino con un decidido y evidencial carácter trascendente (en-la-inmanencia).

El *atman* es el rostro (in)visible de Brahman, La identidad entre *atman* y Brahman, la conciencia de que «Tú eres Eso» (*tat tvam asi*) cuando dejas de ser «tú» (el pequeño ego empírico-psicológico) habla de la presencia de lo Infinito en lo finito, en terminología religiosa, quizás más comprensible para algunos, la Presencia de Dios-en-el-ser humano.

¿Cómo no iba a quedar «devastada» la identificación con el yo finito? ¿Cómo no iba a resultar «catastrófica» la irrupción de lo impensable en el pensamiento, en el pensamiento vivido, en esa Vivencia pensada a la que alude la experiencia upanishádica, la experiencia vedántica, experiencia de no-dualidad? *Atman* y Brahman no son dos realidades distintas. Son Uno y lo Mismo. Monismo panenteísta. Lo Uno (plotiniano o shankariano) en los Muchos.

Ahora bien, esta no-dualidad *(advaita)* ha sido «pensada» de diversos modos. Llamaremos no-dualismo radical, acosmista, a la experiencia y el pensamiento que concibe la Realidad no-dual como puramente trascendente, considerando que el mundo, el cosmos en su totalidad, la aparente manifestación perceptible por nuestros sentidos y pensable por nuestra razón es mera ilusión (*maya*), no una ilusión subjetiva, un error cognitivo de algunos sujetos que no interpretan debidamente la realidad, sino una Ilusión metafísica, producto de la Ignorancia metafísica radical que da por bueno (y verdadero) lo que captan nuestros sentidos y piensa nuestra razón. En esta interpretación de la no-dualidad, también la multiplicidad de sujetos, no solo empírico-psicológicos, sino metafísico-espirituales, forma parte de *maya*, velo incomprensible, inexplicable (*anirvacaniya*, dice Shankara, el genio del no-dualismo radical, allá por el siglo VIII de la era común), ilocalizable (¿pues dónde iba a estar?, ¿en el propio Brahman, en un irreal sujeto?), pero que termina impidiéndonos pensar tanto al Absoluto como lo relativo, tanto el mundo como lo Divino, pues su trascendencia –aquí casi al modo de Lévinas– lo sitúa en un no-lugar extracósmico, incognoscible, inefable. Y no había que esperar a Wittgenstein, a principios del siglo XX, para saber que «de lo que no se puede hablar, más vale callar». Ninguna proposición lógica, ningún hecho empírico. Ante lo místico, solo cabe el silencio.

No había que esperar, porque tanto Lao-Tsé como el Buda Sakyamuni lo habían dicho ya: «El que habla no sabe, y el que sabe no habla». Ante las grandes cuestiones metafísicas…, silencio. El silencio del Buda. O el atronador silencio de Vimalakirti.

***

Pero hay otras experiencias (quizás no perennialistamente jerarquizables) y otras interpretaciones. Podemos hablar de una experiencia metafísica integral y de un pensamiento metafísico integral. Una metafísica experiencial integral, cabe decir. Sin perder la experiencia y la interpretación que estamos llamando no-dualista.

Esencialmente, no-dualismo significa aquí que la Realidad primordial es Una. Digamos que es del orden de la conciencia, de la inteligencia. Hay una Unidad fundamental de la existencia.

Llámesele Conciencia infinita, Inteligencia infinita, por intentar conceder un atributo comprensible a lo Absoluto. Divinidad (*Gottheit*), Sujeto absoluto, Espíritu omnipresente, en suma. Ahora bien, en esta Experiencia-interpretación, su Trascendencia no excluye su Inmanencia, de modo que se halla presente en todas las cosas (en todos los entes) como su Ser más íntimo. Es esa trascendencia-en-la-inmanencia o trascendencia en las cosas (Husserl y Zubiri, cada uno a su modo, sobrevuelan nuestro pensamiento) de la que ya hemos hablado anteriormente.

Por otra parte, la interpretación radical, «ilusionista», de este Brahman supremo (Parabrahman) niega cualquier rasgo «personal» al Absoluto. Quizás porque no se posee una concepción suficientemente amplia y al tiempo rigurosa de lo que signifique que una realidad sea personal. En la interpretación integral del no-dualismo, que aquí tratamos de presentar, la Impersonalidad es una dimensión o aspecto experienciable del Absoluto. Pero, una vez más, guiados no por una lógica disyuntiva, sino por la lógica del Infinito, que parece amar más la conjunción y en lugar de pensar «impersonal o personal» piensa «Personal e Impersonal», pues ambos serían aspectos complementarios (a modo de complementariedad onda-corpúsculo, por analogía). Es decir, que lo In-finito no solo es trascendente e inmanente, sino impersonal y personal. No solo es un Ello, sino también un Tú (el Tú eterno de Buber, el misterio ontológico de Marcel). De hecho, la noción de Espíritu siempre ha supuesto ese carácter personal, esa Personeidad de la Persona infinita que es el Espíritu infinito. Es curioso que el término *Purushottama*, tan importante en la tradición hindú, por ejemplo, en la *Bhagavad Gita*, sea traducido unas veces como «Espíritu supremo» y otras como «Persona suprema».

Ni que decir tiene que este In-finito (Brahman, el «Dios que viene a la idea», el Misterio que apenas podemos balbucear, aunque esté más cerca de nosotros que nuestra propia yugular, aunque su latido sea el marca-pasos de nuestro corazón, sin el cual nuestra vida dejaría de latir) no solo es Ello y Tú, sino que el Gran Tres del Espíritu incluye, cómo no, su naturaleza esencial de primera Persona. «Yo soy Brahman» y «Tú eres Eso» significan que el Espíritu no es el Tú totalmente otro, sino el Yo más propio, más íntimo. *Atman*, mi mismidad metafísica, mi corazón espiritual, es la voz del Brahman Sí-mismo que dice «YO».

En este enfoque integral, los tres aspectos co-existen armónicamente. Este Tú eterno, que es también mi Yo eterno, el Yo de cada uno, la Personeidad en todas las personas, el Ser en todos los entes, es trascendente e inmanente, es impersonal y personal, es eterno y también temporal. El Devenir no es lo opuesto del Ser, es el Devenir del Ser. El Tiempo es una especie de «imagen móvil de la eternidad» (Platón), pero imagen real, realmente existente en su temporeidad: eterno, sempiterno y temporal.

Lo Uno (*to én*), el «Uno-sin-segundo» (*ekam avadvitiyam*), Espíritu infinito, se permite el lujo de desplegarse como mundo, Cuerpo del Alma del Mundo, y en infinidad de sujetos, como «porciones eternas del Absoluto» (*Bhagavad Gita*). Somos, esencialmente fractales del Infinito, podríamos decir hoy, aunque se haya dicho siempre: fragmentos de Dios, partes de Dios, chispas del Fuego divino, rayos del Sol central espiritual.

Ya que hemos partido de la idea de Wilber, terminemos este punto con él, una sola cita, en torno al Espíritu como Yo:

Este es el Espíritu en primera persona, el Espíritu como Uno y Único Yo Verdadero, el mismo Espíritu mirando a través de los ojos de cada ser sensible vivo, el mismo Yo Verdadero (uno solo en todo el Kosmos) latiendo en el corazón y cabalgando a lomos de la respiración de cada ser sensible. La sensación de Yo Soy que hay en ti es el mismo «antes de que Abraham fuese Yo era», el mismo Yo Soy antes del *big bang* y el mismo Yo Soy que jamás entró en la corriente del tiempo [...]. El mismo Yo Soy que es el Yo y el Espíritu de todo el Kosmos hasta el final de los mundos. ¿Me permites presentártelo? Ese es tu Yo verdadero. (Wilber, 2018, pág. 584).[3]

---

3. Ken Wilber, *La religión del futuro*, Kairós, Barcelona, 2018 (orig. ing. 2017). Es una de las grandes obras de este autor, junto a otras como *Sexo, ecología y espiritualidad* (2 vols.), Gaia, Madrid, 1996-1997.

14. Hacia una concepción integral del ser humano

Las tres preguntas filosóficas kantianas, ¿qué puedo conocer?, ¿qué debo hacer? y ¿qué me cabe esperar? (teoría del conocimiento, teoría de la acción moral y teoría del futuro del ser humano, o si se prefiere: gnoseología, ética y escatología religiosa), quedan sintetizadas en lo que podemos considerar la raíz de ambas, a saber: ¿qué es el ser humano?

Tal como esbozamos anteriormente, podemos simplificar hablando de dos tipos fundamentales de antropología filosófica: materialista la una, espiritualista la otra. Históricamente, en la mayoría de las tradiciones antiguas de la humanidad, el factor espiritual ha estado casi siempre presente, también en la idea del ser humano, constituyendo este su «esencia». En Occidente, el caso de Platón, con su enorme influencia posterior, es bien claro: el ser humano *es* un alma eterna (como las Ideas, a cuyo mundo pertenecen) que provisionalmente *tiene* un cuerpo físico. Ya antes, al menos órficos y pitagóricos habrían defendido esta misma tesis antropológica. Y todos ellos coinciden también en afirmar la existencia de múltiples vidas, lo que se conocía como «transmigración de las almas» y que hoy suele llamarse «reencarnación» o «renacimiento».

Aunque esta idea fue rechazada por el cristianismo mayoritariamente, a pesar de los intentos reencarnacionistas por mostrar algunos pasajes del Nuevo Testamento que apuntarían hacia dicha idea como presupuesto de las palabras presuntamente pronunciadas por Jesús de Nazaret, los dos pasajes más citados no parecen concluyentes. Uno de ellos tendría que ver con Juan el Bautista, de quien se decía que había sido, en una vida anterior, Elías (y a su vez este habría «ascendido» a los cielos, llevado en un «carro de fuego»). ¿Cómo podría pensarse que Juan era Elías si no se aceptase la idea del renacimiento? El segundo texto es aquel en el que, ante el niño recién nacido ciego, se le pregunta al Maestro quién pecó, él o sus padres, para que naciera así. De nuevo, podría pensarse que, si él pudo pecar y acababa de nacer, su pecado tendría que haber sucedido en una vida anterior.[1] De este modo, la reencarnación se muestra unida a lo que en el último siglo y medio se ha introducido con fuerza en Occidente, esta vez procedente de Oriente, de la India, sobre todo, bajo la denominación de ley del karma, en el sentido de que nuestras acciones (*karma* no es sino el término sánscrito que traducimos como «acción») producen resultados, no solo físicamente, según el principio de causalidad que nos es bien conocido, sino también moralmente. La ley del karma y la doctrina de la reencarnación forman parte de lo que Max Weber denominó, con razón, el orden cósmico-ético que se habría aceptado en la India, ya desde los *Vedas*, con la noción de *Rta*, y posteriormente con el concepto de *Dharma*.

Ya que hemos dirigido la mirada hacia Oriente, concretamente hacia la India, para «orientarnos» un poco en esta cuestión, cabe decir que encontramos allí diversas concepciones del ser humano. Retomemos aquí tan solo una de ellas, la que hemos denomina-

---

1.   No vamos a detenernos en ello, pero coincido con John Hick, en *Death and Eternal Life*, en considerar insuficientes esos dos textos para probar que en los Evangelios se presupone la reencarnación.

do experiencia upanishádica, que tiene que ver con la identidad entre *atman* y Brahman. De momento digamos tan solo que nos hallamos ante una antropología claramente espiritualista (como «espíritu» pueden traducirse tanto *atman* como Brahman), en la que caben dos versiones fundamentales. Una, la interpretación no-dualista radical, ilusionista –ya esbozada–, según la cual el ser humano puede analizarse como constituido por cinco vestiduras (cuerpo, vitalidad, mente, conciencia, felicidad) que velan, pero también traslucen, la esencia supraindividual del ser humano: el *atman* que es Brahman. En esta visión, como ya hemos comentado anteriormente, el Espíritu es uno, no-hay-dos ni muchos espíritus, tan solo «el Uno sin segundo». Esa es nuestra verdadera Identidad. Todo lo demás es pasajero, efímero, o incluso una especie de ilusión cognitiva producto de una extraña e inexplicable Ignorancia.

Tendremos que volver a la India para tener en cuenta otras versiones del no-dualismo, en la línea de lo que hemos llamado no-dualismo integral, para ver su propia antropología. Y dejaremos de lado los distintos enfoques «dualistas», que también los hay (en el Samkhya de Ishvarakrishna, en el Yoga de Patañjali, en el Vedanta de Madhva, etc.), dado que son similares al dualismo que nos resulta bien conocido en la tradición occidental, aunque se encuentren diferencias importantes de matiz. Igualmente, prescindiremos de las antropologías materialistas, de los *carvakas*, cuyas doctrinas no nos han llegado más que como referencias indirectas y breves.

También la India tendrá que contarnos esa antropología que tanta extrañeza ha provocado y sigue provocando: la antropología budista.

En realidad, basta concentrarnos en lo que quizás sea el corazón de toda antropología, la cuestión de la identidad del ser humano. No podemos entrar aquí en la riqueza de aspectos que la psicología ha ido desarrollando minuciosamente, sobre todo a lo largo del siglo XX, mediante las diversas escuelas importantes: el estructuralismo, el funcionalismo, el psicoanálisis, el conductismo, la psicología cognitiva, la psicología humanista y, más reciente, la psicología transpersonal y otras muchas. Solo tangencialmente podemos referirnos a la profundización que ha tenido lugar en temas como la percepción, la memoria, la cognición, la mente, la conciencia, el inconsciente, los sueños, la conducta, etc.

Es importante recordar que «el alma» (en Platón, en el cristianismo, en el racionalismo moderno, en buena parte de la filosofía occidental) se ha concebido como una realidad sustancial. Y la sustancia sabemos que es aquello que perdura bajo los cambios, por tanto, la esencia, en este caso del ser humano. Y cuando se trata de una esencia personal, hablamos de «sujeto». Sujeto sustancial que constituye nuestra identidad personal, nuestra mismidad, pues sigue siendo el sustrato subyacente que permanece siendo el mismo a través de los cambios. Un sujeto sustancial de orden inmaterial, sea creado por Dios, emanado de la Fuente originaria o eterno. Un «espíritu» que, en el caso del ser humano, está «encarnado» en un cuerpo. De modo que, en esta concepción podría decirse no tanto que «soy humano», sino que «estoy humano». Mi ser, mi esencia, lo que verdaderamente «soy» es alma espiritual. El cuerpo, como veíamos con Platón, no lo soy, lo tengo.

Es cierto que, desde Aristóteles, y posteriormente en el cristianismo de orientación aristotélica, sobre todo desde Alberto Magno y Tomás de Aquino, esta independencia del alma es cuestionada y parece considerarse realmente sustancial, sustancia plena, la unión de cuerpo y alma, leída desde el hilemorfismo aristotélico. Como decíamos, de ahí la importancia de la resurrección como símbolo de una inmortalidad encarnada, coherente con esta antropología encarnacionista.

Ya hemos esbozado que, en la tradición idealista moderna, de Descartes a Husserl, idealismo racionalista, trascendental, absoluto o fenomenológico, el esencialismo, de un modo u otro, sigue vigente. Pero ya en el siglo XVIII, con gran claridad en D. Hume, la existencia del alma, ahora ya distanciados del lenguaje religioso y sus dogmas, en pleno proceso ilustrado de maduración, denominada ahora yo, es puesta en cuestión. Ya lo hemos dicho: tras las impresiones sensibles, Hume no es capaz de encontrar ningún sujeto sustancial, ningún yo.

Kant, despertado del sueño dogmático del racionalismo por Hume, tendrá que hacer frente a la cuestión del alma, del yo. Y en su *Crítica de la razón pura* descartará la posibilidad del conocimiento riguroso de la existencia de un yo sustancial, si bien la razón parece obligarle a suponer necesariamente la unidad trascendental –condición de posibilidad– de la conciencia; es decir, un Yo como apercepción trascendental, que pueda acompañar a todas mis representaciones. He de suponer su existencia si quiero entender el fenómeno mismo del pensar con sentido y la sensación de ser siempre el mismo sujeto cognoscente. Y en la *Crítica de la razón práctica*, Kant terminará viendo la necesidad que la razón tendría de «postular», en sentido fuerte, la existencia de la libertad, la existencia de Dios (como garante del orden moral, de la justicia) y la inmortalidad del alma (para que virtud y felicidad puedan darse, aunque sea en el más allá, pues acá... diríase que no siempre van unidas). Exigencias inapelables de la razón pura práctica para poder fundamentar filosóficamente la ética y dar cuenta de manera satisfactoria del *faktum* de la moral.

15. La ausencia de un yo como sujeto sustancial (alma, *atman*) en el budismo

Curiosamente, el reto de Hume había sido lanzado ya muchos siglos antes por Gautama, el Buda, en la India del siglo v a.C., aproximadamente. En efecto, las tres marcas ontológicas que dejan su huella en todo lo que existe son: el sufrimiento o insatisfactoriedad (*dukkha*) ante este mundo condicionado, que podemos entenderlo más bien como sentimiento profundo de carencia, y en el peor de los casos quizás como angustia heideggeriana ante la existencia; la transitoriedad de todo lo que existe (*anitya, anicca* [en sánscrito y en pali, respectivamente]) y la no-existencia de un Yo, de una esencia permanente (*anatman, anatta*).

Efectivamente, a pesar de una cierta ambigüedad constitutiva de los textos del canon pali, que han dado pie a distintas interpretaciones de la doctrina que niega la existencia del *atman* o yo sustancial (*anatmavada*), la mayor parte de la tradición budista ha considerado que la gran aportación del Buda, la especificidad más propia de su enseñanza, de su *dharma* (*Buddhadharma*, las enseñanzas o doctrinas del Buda es como se ha conocido en dicha tradición lo que hoy denominamos budismo), consiste justamente en negar la existencia de un yo.

No hay nada permanente. Todo es efímero, transitorio. Y esto
se aplica no solo a los objetos, sino también a los sujetos. No hay
entidades sustanciales, sino procesos.

De modo que la constitución humana ha de entenderse como
un conjunto de agregados psicofísicos, de estructuras en constante
transformación, sin mismidad, sin identidad que soporte los cambios. Sensaciones físicas, emociones y sentimientos, pensamientos e imágenes, todo, incluso lo que a veces, también dentro del
budismo, se ha considerado como equivalente al yo, que sería la
conciencia (*vijñana*), no es sino una corriente de procesos físicos y
psíquicos, como si la conciencia fuera una especie de río que fluye
constantemente (Heráclito reaparece aquí, frente al inmutable ser
parmenídeo), conciencia constituida por momentos efímeros. Esta
«momentariedad» está regida por la causalidad, de manera que
lo que somos en un momento determinado es producto pasajero
de las causas y condiciones que van haciendo de nosotros lo que
somos… y pronto dejamos de ser.

Decíamos antes que la vacuidad como concepto central del
budismo, a partir de Nagarjuna, equivalía a la originación co-
dependiente, pues bien, lo que llamamos «yo», y puede tener una
función útil dicho pronombre, no corresponde a ninguna realidad.
O, más bien, podrían señalarse dos grandes versiones del budismo
indio, en lo que respecto a la idea de yo. Una, la de la escuela
Yogachara (de los hermanos Asanga y Vasubhandu), que insiste
en que no hay yo real ninguno, por tanto, utilizar dicho pronombre
simplemente es un error. La otra es la más frecuente en la escuela Madhyamika (inspirada en Nagarjuna), con una formulación
muy clara en Candrakirti, quien afirma que el pronombre «yo»
no tiene una función referencial (no se refiere a una realidad es-

table), sino que funciona performativamente, individualizando a quien lo emplea. De modo que el error no está en utilizarlo, sino en creer que cuando decimos «yo» nos referimos a algo que tiene una existencia independiente.

En el canon pali, aceptado como palabra de Buda por todas las escuelas budistas, lo único claro (claridad insuficiente) es que Sakyamuni rechaza tanto el eternalismo como el aniquilacionismo. El primero es la idea dominante en la India de su tiempo, la India upanishádica, de la existencia de un *atman* eterno. El segundo es la postura de los materialistas, nihilistas, que niegan la existencia de cualquier tipo de yo.

16. ¿Extrañas coincidencias entre el budismo y la neurofisiología?

¿Qué queda?, ¿cuál es la vía media que propone el Buda entre los dos extremos? Pues esa concepción que recientemente se ha formulado desde el budismo en diálogo con la neuro-fenomenología (¡nos faltaba este tipo de fenomenología!) y la neurociencia, o más en general la ciencia cognitiva. Por ejemplo, en el caso de Evan Thompson, quien en su obra *Waking, Dreaming, Being: Self and Conciousness in Neuroscience, Meditation and Philosophy* (2017), tras haber colaborado con Francisco Varela y Eleanor Rosch en la célebre obra *The Embodied Mind: Cognitive Science and Human Experience* (1993), adopta lo que denomina «enfoque enactivo» (*enactive view*), término ampliamente utilizado en la obra de 1993, según el cual el yo no es una cosa (una sustancia, un sujeto), sino un proceso. No es un «ser», sino un «siendo», si se nos permite emplear esta expresión. No hay previamente un sujeto sustancial, un alma, un yo inmutable, permanente, sino que, como en el ejemplo de la danza, que él mismo utiliza, la danza que se «enactiva» no es otra cosa más que el proceso de danzar. Más cerca de Candrakirti que de Vasubandhu, se defiende que el proceso-de-ser-yo se enactúa a través de la cognición social y del lenguaje, un proceso que se halla enraizado en la vida del cuerpo (que, aunque incluye el cerebro, no se limita a él), todo ello inmerso en el entorno concreto en que se encuentra. Así pues, el yo funciona performativamente, no referencialmente. Por el hecho de enunciarse, de nombrarse, se convierte en acción. La idea de yo es, por tanto, una construcción psicológica, cuyo uso tiene un sentido práctico, aunque no tenga un referente sustancial, independiente.

Que exista como proceso en constante transformación no es lo mismo que negar totalmente su existencia. De hecho, aunque le pese a algunos tipos de budismo secularizado, el Buda daba por supuesta la continuidad de dicho «proceso» después de la muerte. De modo similar a como daba por supuesta la existencia de los *devas* del hinduismo, a pesar de su presunto ateísmo. De ahí que a esa vía media se la entienda muchas veces como defendiendo la idea de la ley del karma y el renacimiento, solo que en este caso no hay un sujeto sustancial, un yo, un alma, un *atman* que reencarne, sino que en expresión célebre «es el karma lo que reencarna». Es decir, el ser-procesual que realiza el tránsito al que llamamos muerte (y que en el *Bardo Thodol* o *Libro tibetano de los muertos* pasa por una serie de *bardos*, de espacios y estados de conciencia en los que no hay cuerpo, y a través de los cuales puede alcanzar la Liberación definitiva no teniendo que volver a encarnar) es el resultado activo de la serie de causas y condiciones que le han llevado a ser-siendo lo que es. De modo que ese «proceso psíquico» al que señalamos con el rótulo de «yo» sigue su transformación y, en caso de no lograr la anhelada liberación del samsara, el ciclo de nacimientos y muertes, volverá a nacer «en una matriz humana» uniéndose al óvulo, al embrión o al feto en formación.

En pocas palabras, no hay *atman* ni alma en sentido tradicional (hindú o platónico-cristiano), sino algo (no alguien) existente-como-proceso. Ni que decir tiene que esta cuestión, si bien a unos (buena parte de los budistas) parece la gran solución, entre el eternalismo y el aniquilacionismo, para otros está llena de dificultades y resulta insuficientemente explicativa.

El carácter pionero del libro de F. Varela, E. Thompson y E. Rosch está, como hemos insinuado ya, en poner en diálogo la tradición budista, y concretamente la escuela Madhyamika de Nagarjuna, aunque a menudo hablan de *mindfulness/awareness tradition*, con la fenomenología del siglo xx, sobre todo a través de la figura de Maurice Merleau-Ponty, a quien reconocen como inspirador de *The Embodied Mind*, y sobre todo con la ciencia cognitiva, en sus diferentes ramas (neurociencia, lingüística, psicología cognitiva, filosofía de la mente, etc.). Su programa es, justamente, replantear la relación entre ciencia (cognitiva) y experiencia (humana), cuestionando, de la mano del budismo Mahayana, el objetivismo y el representacionismo que siguen vigentes en la mayor parte de las ciencias cognitivas. Todo ello en relación con la ausencia de un yo como sujeto sustancial. El budismo podría así iluminar la tendencia actual de la propia ciencia a rechazar la existencia de un yo que dirija el proceso, algo que filosóficamente habría realizado también Nietzsche y, psicológicamente, Lacan.

En las ciencias cognitivas, como estudio científico de la mente, el modelo computacional de la mente, y con ello el desarrollo de la inteligencia artificial, han ocupado desde el comienzo buena parte del escenario.[1] Puede decirse que el cognitivismo ha constituido

---

1.   Sobre la inteligencia artificial puede verse el oportuno y certero libro de José Luis San Miguel de Pablos: *Desvelando la inteligencia artificial: La consciencia NO es algoritmo*, Siglantana, San Cugat, 2025.

durante mucho tiempo el núcleo de las ciencias cognitivas, con su hipótesis de que la cognición es la manipulación de símbolos, al modo de los ordenadores digitales. Es decir, que, siguiendo una antigua tradición filosófica, conocer es representar mentalmente, de manera correcta, adecuada, los objetos del mundo exterior. Se acepta así la existencia de un mundo pre-dado (realismo y objetivismo), y se acepta que la mente es «el espejo de la naturaleza», para decirlo con Richard Rorty.

Ambas posturas (objetivismo y representacionismo) son cuestionadas por el enfoque enaccionista que proponen estos tres autores en su célebre obra.[2] Y hacerlo no solo desde la tradición contemplativa del budismo, sino también, al mismo tiempo, desde el corazón de la ciencia actual. Así, la originación co-dependiente (*pratityasamutpada*) del budismo puede encontrarse en las redes no-lineales, en los sistemas complejos, en la noción de auto-organización de los procesos, en distintos tipos de emergentismo, etc. De modo que conocer no implica ni un mundo externo pre-dado (anterior al conocimiento de este) ni un sujeto o yo sustancial como centro coordinador permanente de todo el proceso cognitivo. Hay una «enacción», una construcción mutua (el *entre-deux* de Merleau-Ponty) del mundo conocido y el sujeto cognoscente, de tal manera que se puede hablar de mentes-sin-yo (*selfless minds*)

---

2.   «We propose as a name the term *enactive* to emphasize the growing conviction that cognition is not the representation of a pregiven world by a pregiven mind but is rather the *enactment* of a world and a mind on the basis of a history of the variety of actions that a being in the world performs. The enactive approach takes seriously, then, the philosophical critique of the idea that the mind is a mirror of nature but goes further by addressing this issue from within the heartland of science» (Varela *et alia*, 1991, pág. 9).

o de personas sin yo (*selfless persons*). Del mismo modo, se puede hablar no de sustancias, sino de estructuras dinámicas (término bien tematizado, entre nosotros, por X. Zubiri), de procesos.

Veíamos cómo Evan Thompson, unos veinticinco años después de colaborar en esta obra conjunta a la que nos estamos refiriendo, sigue defendiendo el enfoque enactivo en su análisis del yo, considerándolo no como sustancia, sino como proceso. En cualquier caso, es esa confluencia de algunas tendencias recientes en las ciencias cognitivas y el budismo que niega la existencia del yo lo que destaca en estas presentaciones «enactivistas».

Negada la existencia real del yo, el ser humano parece quedar reducido a los cinco agregados psicofísicos que, si bien cada uno de ellos ha sido traducido de maneras bastante diferentes, en la traducción preferida por Varela *et alia* son los siguientes: 1) forma (el cuerpo físico); 2) sentimientos; 3) percepciones; 4) formaciones disposicionales, y 5) conciencia.[3] Excepto el primero, que es físico-material, los restantes son psíquicos, todos ellos entendidos como procesos energéticos en constante transformación. Emergen como momentos pasajeros de un proceso capaz de organizarse a sí mismo. Ninguno de los agregados (*skandhas*) es un «yo», en ninguno de ellos encontramos el presunto «yo» subyacente. Marvin Minsky habló también de la mente como si fuese una sociedad. El yo no es algo unificado, está fragmentado, dividido.

---

3.   Los términos sánscritos son: *rupa, vedana, samjña, samskara* y *vijnana*. El tercer término se ha traducido también como discernimiento, conceptualización, reconocimiento y otros. Por su parte, el cuarto (*samskara*) se ha traducido como factores componentes, disposiciones, creaciones emocionales, motivaciones, construcciones mentales, voliciones, etc.

Pues bien, algo similar afirmaría el cognitivismo, como corazón de las ciencias cognitivas. Para explicar la cognición no es
necesario un yo.

> Según el cognitivismo, la cognición puede tener lugar sin concien-
> cia, pues no existe una conexión esencial o necesaria entre ellos.
> Ahora bien, cuando hablamos del yo, generalmente suponemos que
> la conciencia es su rasgo central. Vemos, pues, que el cognitivismo
> desafía nuestra convicción de que la característica más central del
> yo sea necesaria para la cognición. Dicho de otro modo, el reto
> cognitivista no consiste simplemente en afirmar que no podemos
> hallar el yo; consiste, más bien, en afirmar que el yo ni siquiera
> es necesario para la cognición (Varela *et alia*, 1993, pág. 51).

Si es así, ya no estamos –como pensaba J.P. Sarte– «condenados
a creer que hay un yo» (expresión menos conocida que aquella
que nos considera «condenados a ser libres»). No hay sujeto que
organice la actividad de las redes neuronales. También la neuro-
biología parece poder prescindir de él –según Varela, Thompson y
Rosch–. Y coincidiría con los análisis de los agregados psíquicos
realizados por el Abhidharma, la visión más analítica contenida
ya en el canon pali y llevada a su plenitud por Asvaghosa en el
Abdhidharmakosha.[4]

---

4. «From a contemporary standpoint, then, Abhidharma appears as the study of the
    emergent formation of direct experience without the ground of an ego-self. It
    is remarkable how well the overall logical form of some Abhidharma formula-
    tions fits that of contemporary scientific concern with emergent properties and
    societies of mind (or perhaps we should state it the other way round).» (Varela,
    Thompson y Rorsch, 1993, pág. 123).

17. Vacuidad, autodespertar y metanoética en la Escuela de Kioto

Pero las afinidades de Varela, Thompson y Rorsch no están solo con el Abhidharma, el Madhyamika y Nagarjuna, es decir, con algunos de los clásicos de la tradición budista, están también con la Escuela de Kioto (Nishida, Nishitani, Tanabe), y muy concretamente con Keiji Nishitani (1900-1990), quien conoce bien tanto la tradición filosófica occidental, y muy especialmente a Nietzsche y Heidegger, a quienes tiene muy presentes en su obra fundamental *Religion and Nothingness* (1983), así como la tradición budista, y especialmente el Zen, sobre todo al fundador de la escuela Sôtô Zen, en el Japón del siglo XIII, Dôgen.[1]

La centralidad de la noción de *shunyata* en su obra es evidente, dado que en el título mismo de cuatro de los seis capítulos que componen el libro, aparece dicho término. En ellos se encarga

---

1. Por ser un poco más precisos, en la obra afirma: «Antes de empezar mi formación filosófica como discípulo de Nishida, me sentía muy atraído por Nietzsche y Dostoyevski, Emerson y Carlyle, y también por la Biblia y san Francisco de Asís. Entre las cosas japonesas, lo que más me gustaba era Sôseki Natsume y libros como las charlas budistas de Hakuin y Takuan [...]. En el centro de ese torbellino asomaba una duda sobre la existencia misma del yo, algo así como la "Gran Duda" budista. Y pronto comencé a prestar atención al Zen» (Nishitani, Keiji. *Religion and Nothingness*, Berkeley & Los Angeles University of California Press, 1983, pág. XXXV).

de diferenciar la «nada sartreana» (no hace falta recordar que el título de la obra magna de Jean-Paul Sartre, otro de los autores analizados por Nishitani, lleva por título, justamente, *El ser y la nada*), que es una «nada relativa», de la vacuidad de *shunyata*, que es una vacuidad absoluta. A propósito de esa diferencia afirma:

> El punto de vista de *shunyata* es algo totalmente distinto. No es un punto de vista de una simple negatividad negativa, ni es esencialmente un punto de vista transitorio. Es el punto de vista en el que la absoluta negación es, al mismo tiempo, en el sentido antes explicado, una Gran Afirmación. No es un punto de vista que solo afirma que el yo y las cosas son vacías. Si fuera así, no sería distinto del modo como la nihilidad se abre como el fundamento de las cosas y del yo. Los fundamentos del punto de vista de *shunyata* se encuentran en otra parte: no se trata de que el yo sea vacío, sino de que la vacuidad es el yo; no de que las cosas sean vacías, sino de que la vacuidad es las cosas (Nishitani, 1983, pág. 138).

Nishitani hace frente al nihilismo occidental, buen conocedor de Nietzsche y de Heidegger,[2] como era de esperar, así como lo hacen Varela, Thompson y Rorsch al final de *The Embodied Mind* (traducida al castellano, curiosamente, con el título *De cuerpo presente*).

Pero la Escuela de Kioto, destacada en el diálogo inter-cultu-

---

2. Recuérdese «La frase de Nietzsche "Dios ha muerto"», de Heidegger, en *Sendas perdidas*, así como su gran obra *Nietzsche* (2 vols.), editada por Gallimard y traducida en editorial Ariel. Fue sobre todo gracias a Heidegger que muchos filósofos comenzaron a tomar en serio a Nietzsche como «filósofo».

ral e inter-religioso, tiene su fundador oficial en Nishida Kitarô (1870-1945) y su otro representante más importante, además de Nishitani, es Tanabe Hajime (1885-1962), a quien a veces se considera su verdadero fundador, como hace James Heisig,[3] aunque el término (Escuela de Kioto) aparece ya, por primera vez, en 1932, en un artículo de Tosaka Jun.

Ahora bien, una de las cuestiones que nos resulta especialmente interesante del enfoque de F. Varela y sus colaboradores es la importancia concedida a la unión de ciencia (cognitiva), filosofía (de la mente y fenomenología) y experiencia meditativa. En este último caso, los autores se centran en lo que llaman, como hemos visto, la *mindfulness/awareness tradition* o, dicho de otro modo, la meditación budista como cultivo de la calma (*shamata-bhavana*) y como cultivo del análisis intuitivo-experiencial de todos los fenómenos de nuestra conciencia (*vypashyana-bhavana*).[4] Y concluyen que la mejor fenomenología experiencial profunda de los

---

3. En el prólogo a Tanabe Hajime, *Philosophy as Metanoetics*, University of California Press, 1986 (pág. XIII). Heisig es uno de los mejores conocedores de la Escuela de Kioto. Se ha traducido su obra *Filósofos de la nada: Un ensayo sobre la Escuela de Kioto*, Herder, Barcelona, 2002. En esta obra presenta «la filosofía japonesa como filosofía mundial» (capítulo 2) y analiza detalladamente el pensamiento de los tres autores citados. Sin duda, uno de los más fecundos encuentros entre el budismo y el cristianismo, así como entre la filosofía budista y la filosofía occidental contemporánea. Heisig llega a decir que «en los filósofos de Kioto encontramos una escuela filosófica capaz de situarse a la misma altura que las mayores escuelas y corrientes de filosofía de Occidente» (Heisig, 2002, pág. 29).

4. Las dos traducciones que más nos gustan de este importante término budista (*vipashyana/vipassana*) son la de «visión penetrante», y sobre todo la que emplea Allan Wallace, al hablar de «intuición contemplativa». Véase Allan Wallace, *Felicidad genuina: la meditación como camino a la eudemonía*, Eleftheria, Barcelona, 2017.

estados mentales y de la naturaleza de la mente es precisamente la llevada a cabo en la historia del budismo y que desemboca en el desvelamiento de la ausencia de *atman*, de alma, de yo, de un sujeto autoconsciente sustancial; es decir, en la impermanencia o transitoriedad de todos los procesos, del carácter «vacío» (carentes de entidad propia, de sustancialidad, pues anti-esencialismo sería el budismo, ante todo) tanto de los presuntos objetos del mundo exterior como de los supuestos sujetos del mundo interior. Vacuidad, pues, como originación co-dependiente, sería el resultado inevitable de la práctica contemplativa budista. Y parece concederse una fuerza especial al hecho de que la tradición ha seguido «confirmando» (subjetiva e intersubjetivamente) ese hallazgo central y «excepcional» del Buda Gautama.[5]

No obstante, como argumenta, con toda razón, Evan Thompson, por más que se haya presentado abundantemente el budismo como ciencia de la mente, no se trata, claro está de «ciencia» en el sentido contemporáneo del término. Y la «verificabilidad budista» (jugando con la expresión de Ken Wilber, «verificabilidad gnóstica», desde una perspectiva más perennialista), es decir, la repetida confirmación de la verdad última de *shunyata* y de la correspondiente ausencia de yo, difícilmente puede considerarse «verificabilidad científica», pues solo en el interior de esa tradición se consideran verificadas una y otra vez esas «experiencias».

Ni que decir tiene que, si alguien comparte con el *roshi* Zen

---

5. Precisamente, ese «excepcionalismo» tan enfatizado por el budismo moderno es lo que ha criticado agudamente Evan Thompson en su, hasta el momento último libro, *Why I am not a Buddhist* (Yale University Press, 2022). Él que tan «amigo» del budismo ha sido siempre. No entraremos aquí en los detalles de esa obra tan interesante como provocativa.

correspondiente, en una sesión de Zazen, que su experiencia le ha llevado a descubrir la existencia de un sujeto sustancial inmutable o la existencia de un Ser Personal Infinito, su experiencia será declarada *makyo*, un error, una ilusión, a lo sumo una experiencia de orden intermedio y no la verdad última de cómo son las cosas. Obviamente, solo la descripción que encaje con lo *a priori* considerado visión verdadera se considerará experiencia verificada y válida. Las experiencias distintas, lejos de considerarse refutaciones de dicha doctrina, no cuentan, son descartadas, el meditador será enviado de vuelta al *zafu*, diciéndole que tiene que meditar más o mirar más a fondo, hasta descubrir que no hay yo ni *atman*.

En cualquier caso, esta llamada a unir la razón filosófica rigurosa y la experiencia meditativa como camino de investigación fenomenológica (en el caso de Varela, Thompson y el Mind & Life Institute, también las ciencias cognitivas) constituye el hilo conductor tanto de este ensayo como de la mencionada Escuela de Kioto.

Así, Nishida, desde los diecisiete años practicó *zazen* en la tradición Rinzai, llegando más tarde a prometer que practicaría *zazen* durante el resto de su vida. Su objetivo, no obstante, era realizar una contribución importante, propiamente japonesa, a la filosofía mundial (véase Heisig, 2002, pág. 63). Y en esto tiene mucho que ver su intento de introducir el lenguaje radicalmente no filosófico del Zen en el mundo filosófico. Obsesionado, podríamos decir, con la búsqueda de una experiencia pura y la intuición intelectual aplicada a la autoconciencia, desembocaría en el Absoluto como experiencia pura. Esta experiencia fue denominada por Nishida, el autodespertar. Y con un propósito, como vemos, claramente budista, podemos decir que lo esencial para él era el mostrar que «la filosofía *es* la transformación de una conciencia ordinaria en una conciencia despierta» (Heisig, 2002, pág. 80). El siguiente texto nos parece bien explícito:

> La idea del despertar como una presencia no temporal, no subjetiva y no centrada en el ego, que abre nuevas posibilidades hacia un nuevo punto de vista en el conocer y el actuar, desemboca de manera natural en el reconocimiento de un yo más auténtico, más verdadero, que actúa y conoce en el estado de autodespertar. Mientras la autoconciencia señala un campo en donde la realidad es captada *por* el yo individual, el autodespertar señala aquel campo en donde la realidad se despierta a sí misma *en* el yo individual. Es un horizonte desde donde la conciencia humana puede verse únicamente como una forma posible, y no la forma más básica, de conocer (Heisig, 2002, págs. 81-82).

En el caso de Tanabe, la importancia de la experiencia metafísica, volviendo a la expresión de Jean Wahl, experiencia de la nada absoluta como vacuidad en Nishida, es igualmente central en su obra. Amigo personal, como estudiante en Alemania, tanto de Husserl como de Heidegger, y fascinado por el idealismo alemán (dedicó dos años al estudio de la *Enciclopedia de las ciencias filosóficas* y trece años al de la *Fenomenología del espíritu*), termina convirtiendo el arrepentimiento en método filosófico, como veremos en *La filosofía como metanoética*. En su caso, más que el Zen es el budismo de la Tierra Pura, impresionado por la obra de Shinran, fundador de esta corriente en el siglo XIII. Su obra fundamental, ya citada, vio la luz en 1946. Puede deducirse que fue escrita en plena Segunda Guerra Mundial y hay un componente político en la Escuela de Kioto en el que no es necesario entrar aquí, pues no es eso lo que nos ocupa ahora, lo cual no quiere decir que la relación entre filosofía y política no sea importante, pero no en este texto.

Hablábamos del arrepentimiento como método, y sin duda sonará algo extraño. El propio Tanabe lo explica en el prefacio a su obra. Puede verse el *pathos* religioso de su «conversión» cuando concibe «una filosofía que no es filosofía». La filosofía es, para él, a partir del arrepentimiento y la conversión, «la auto-realización de la conciencia metanoética» (Tanabe, 1986, pág. l). Y explica esto del siguiente modo: «Ya no soy yo quien hace filo-sofía, sino que es *zange* (*metanoesis*) quien piensa a través de mí. En mi práctica de metanoesis, es la propia metanoesis la que está buscando su propia realización. Esta es la filosofía no filosófica que ha nacido de la negación de la filosofía como previamente la había entendido» (Tanabe, 1986, pág. l).

Hay una importante distinción, retomada por Tanabe, entre «el propio poder» (*jiriki*) y «el Otro-poder» (*tariki*), este último desarrollado en el budismo de la Tierra Pura. Su nueva filosofía, tras el arrepentimiento (por todos los errores cometidos) y la conversión, es una filosofía que ha de ser practicada por el Otro-poder, quien le ha empujado en una nueva dirección a través de la metanoesis (*zange*). Así dice:

> *Zange* representa para mí una experiencia del Otro-poder actuando en y a través de *zange* para urgirme a un nuevo avance en filosofía. Confío todo mi ser al Otro-poder (*tariki*), y practicando *zange* y manteniendo la fe en este Poder, confirmo la verdad de mi propia experiencia de conversión-y-resurrección (Tanabe, 1986, LI).

Hablábamos de ese *pathos* religioso, muy relacionado con el budismo de la Tierra Pura y con Shinran. Parece obvio que dicha «muerte y resurrección», como él mismo dice en otra ocasión, supone y procede de una profunda experiencia interior que es concebida también por él como una verdadera entrega (*self-surrender*) al Otro-poder. Tal conversión conduce a una inmensa gratitud cuya expresión lleva a la cooperación con *tariki* compartiendo su gozo con los otros.

Podría decirse que el punto de partida de esta filosofía es la «Gran compasión-*qua*-Gran Nada o, en otras palabras, «el amor-*qua*-nada absoluta». La metanoética representa así «la filosofía del Otro-poder», que se reconoce como la reconstrucción de la filosofía en el espíritu de Shinran. Solo que Tanabe lleva a cabo dicho proyecto en diálogo con Kant, Hegel, Nietzsche, Kierkegaard, Husserl, Heidegger, Sartre y otros, como Agustín de Hipona, en quien probablemente más de uno habrá pensado ante el *pathos* religioso de Tanabe. Quizás hoy en día muchos preferirían hablar de espiritualidad o de mística. De hecho, Tanabe concibe la mística como «un cuerpo de afirmaciones destinado a confirmar una experiencia de lo trascendente hecho, de algún modo, inmanente en nuestros seres finitos. Mantiene que podemos tener una intuición del yo como trascendiéndose a sí mismo para hacerse uno con eso trascendente. En el intento de satisfacer la auto-contradictoria demanda de trascender lo absoluto a pesar del hecho de que lo relativo está completamente separado del absoluto, el misticismo afirma una intuición de unión extática que va más allá del conocimiento ordinario» (Tanabe, 1986, págs. 75-76).

Vemos aquí la experiencia mística como un modo de ensanchar nuestra noción de experiencia y simultáneamente nuestro concepto de la razón a través de una expansión de la conciencia encerrada en nuestro ego cotidiano, que posibilita ir «más allá del conocimiento ordinario».

***

Naturalmente, si volvemos al proyecto de F. Varela de unir ciencia, filosofía y experiencia meditativa, tomando como caso único de esta la tradición budista, hay que decir que, en la tradición hindú, por comparar estas dos tradiciones hermanas (aunque no siempre bien avenidas), lo que se ha descubierto y «verificado» una y otra vez no es la ausencia de yo y la transitoriedad de todas las cosas, sino la existencia del *atman* inmutable, de ese sujeto transempírico, trascendente, sea individual o supraindividual, no importa ahora para lo que en este momento nos interesa. Luego abordaremos esta cuestión de la identidad personal según lo que consideramos un enfoque integral.

Así pues, lo que Varela y sus colaboradores recomiendan como modo de completar la visión científica, esto es, la tradición *mindfulness/awareness* del budismo, como manera de unir ciencia y experiencia, a nuestro entender, tendría que formar parte de una práctica meditativa que tuviera en cuenta distintas tradiciones en su dimensión contemplativa: que junto a meditadores budistas (theravadines, zen, tibetanos, etc.) se tuviesen en cuenta los resultados de meditadores y contemplativos expertos del hinduismo, del cristianismo, del taoísmo, del sufismo, de la cábala judía, del jainismo, etc., incluso de eso que Michel Hulin denominó «mística salvaje» ¿Llegan todos ellos al mismo resultado?

¿Volveríamos así a una postura perennialista, esta vez sí a

través de una «verificabilidad gnóstica» (llámesele, si se prefiere, mística, yóguica, contemplativa, o de cualquier otro modo conveniente), que parta de una muestra representativa de las distintas tradiciones? Al menos parece un «programa de investigación» prometedor. No basta, claro está, con una serie de encuentros interreligiosos, por experienciales que sean, ni con reuniones valiosas, al modo del Mind & Life Institute, en las que científicos reconocidos de distintas disciplinas se reúnen con lamas, meditadores y eruditos tibetanos, patrocinados por el Dalái Lama, y de cuya fundación fue parte, precisamente, Francisco Varela (en 1987, junto a Tenzin Gyatso y Adam Engle), y a los que también Evan Thompson acudió abundantemente, junto a otros nombres bien conocidos como Alan Wallace, Richard Davidson, Daniel Goleman, Matthieu Ricard, Jon Kabat-Zinn, Roshi Joan Halifax, y otros muchos.

Haría falta la elaboración de un programa de investigación verdaderamente amplio, tanto en el número de expertos meditadores de diversas tradiciones como en la duración del «experimento» en el tiempo, para no limitarse a una puesta en común de los resultados aportados por cada uno.

***

Hemos hablado de *shunyata*, la vacuidad-como-interdependencia (todo proceso carece de entidad propia, de sustancialidad, siendo un constante devenir, una permanente transformación), y de *Dharmakaya* (el cuerpo de Buda o la enseñanza de Buda) como conceptos que han llegado a absolutizarse, incluso dentro de algunos pensadores budistas. Habría que hablar también de la noción de *tathagatagarbha*, especie de «semilla-de-Buda», nuestra naturaleza búdica, nuestra budeidad, como equivalente homeomórfico del *atman*, del alma, de nuestra esencia espiritual. De este modo, el budismo podría entrar en el marco de una filosofía perenne integral, al menos tal como tratamos de presentarla aquí.

Aunque, en cualquier caso, además de las semejanzas en puntos centrales, conviene siempre señalar las diferencias, en ocasiones igualmente significativas.

18. Hacia una antropología integral en diálogo con el *vijñana-vedanta* del neohinduismo

En lo que a nosotros respecta, una antropología integral, una concepción integral del ser humano, necesita otra concepción más amplia, más coherente, con una potencia explicativa mayor y que resulte satisfactoria no solo a la razón (abierta, ampliada, expandida, intuitiva, iluminada), sino también al corazón (como símbolo de los anhelos anímicos más hondos). Pero para no quedar en un nuevo racionalismo especulativo hace falta poder partir de una experiencia (abierta, ampliada, expandida, metafísica, mística, yóguica) capaz de ofrecer un saber gnóstico, una gnosis supramental.

¿En qué consistiría una experiencia así, una razón así, un saber de este tipo? Para elaborar tal visión partiremos de la India, pero no la de la antigüedad, como en el caso del Buda Sakyamuni, ni de la que podríamos llamar de la Edad Media, como en el caso de Shankara, sino de la India moderna, la India del siglo xx, donde quizás comienza a producirse una síntesis creativa entre tradición y modernidad, así como entre Oriente y Occidente, en una visión (quizás de *rishis* modernos) en la que se lleva a cabo una sublimación de experiencia y de razón, una experiencia que no es meramente física y una razón que no es estrechamente mental. Una conciencia expandida que se ha llamado conciencia supramental, o *vijñana*, capaz de una gnosis supramental.

El hecho de viajar a la India moderna y contemporánea no es para quedarnos allí, mucho menos para orientalizar Occidente, como no tenemos que occidentalizar Oriente, sino para recoger esa herencia presente que podemos considerar los orígenes de una filosofía transcultural y una espiritualidad transreligiosa. Baste citar algunos de los nombres que tenemos en mente al referirnos a ese *vijñana-vedanta*, como se ha denominado recientemente o, si se quiere, en otra de sus posibles denominaciones un no-dualismo integral. Sri Ramakrishna, Swami Vivekananda, Sri Aurobindo, Sarvepalli Radhakrishnan y otros colaboraron, ya desde finales del siglo XIX y durante la primera mitad del siglo XX, a esa nueva síntesis a la que nos referimos y de la cual nos interesa ahora su antropología gnóstica, mística, yóguica.

Haríamos bien en repensar también el significado y los referentes de esos tres términos, sin encerrarnos en una corriente gnóstica concreta (no, desde luego, en este caso, en los gnosticismos de los primeros siglos de nuestra era), sin encerrar la mística en un contexto religioso tradicional, atado a dogmas teológicos de la religión institucionalizada correspondiente, sin reducir lo yóguico a un conjunto de posturas y de respiraciones. Nos interesa aquí, en todo caso, la gnosis del yoga, la mística del yoga. Incluso, acaso convenga prescindir de tal término, demasiado atado todavía a las tradiciones índicas o al menos especificar el sentido en el que se habla de yoga.

También en este caso nos centraremos en la cuestión de la identidad personal, la cuestión del yo, para comprender en qué consiste la naturaleza humana, el ser humano. No vamos a detenernos en la existencia y la importancia del cuerpo físico, de la vitalidad, de las emociones, de la mente y sus procesos de pensamiento. En un sentido práctico hay mucho que decir de ello, pues no se trata solo de elaborar una filosofía del Absoluto (como ya hemos esbozado) o una cosmología filosófica (aunque se acepte una cosmología multidimensional, septenaria generalmente, según la cual el mundo físico, tal como lo conocemos, no sería sino el más denso de esos siete planos de la existencia). Si el cuerpo físico corresponde en el microcosmos humano al plano físico en el macrocosmos, y lo que consideramos técnicamente como vitalidad corresponde al llamado plano etérico, como subplano superior, algo más sutil, menos denso, de la propia fisicalidad, nuestras emociones corresponderían, entendidas como procesos energéticos sutiles, a una especie de «cuerpo emocional», cuyo hábitat natural sería el plano emocional. Algo similar ocurre con el «cuerpo mental», la «sustancia mental» o «energía mental», con todo el mundo de significados e imágenes, el cual sería parte de todo un plano mental, todavía más sutil que los dos anteriores.

Estos tres forman «el triple mundo», del que se habla ya en los *Vedas*, como dimensiones energéticas cada vez más sutiles, si lo miramos desde una perspectiva ascendente. Pero no vamos a seguir ahora con la idea de los siete planos o dimensiones de la existencia. Baste decir que más allá de estos tres se hallarían las dimensiones propiamente espirituales.

Cuando antes hablábamos del *atman* envuelto en cinco vestiduras, las tres inferiores corresponden a los tres factores recién señalados. Pero todo el mundo de energías, más densas o sutiles, corresponde al mundo de Prakriti, lo que se suele traducir como Naturaleza, aunque su alcance se ha ampliado, pues lo emocional y lo mental pertenecen también a ese mundo de procesos energéticos. Baste lo anterior para centrarnos en la cuestión de la identidad. Y aquí vamos a proponer distintos niveles de la identidad, caracterizando mínimamente cada uno de ellos. Proponemos la siguiente terminología:

a) *La identidad egoica* correspondería al yo empírico-psicológico. Buena parte de los análisis de distintas escuelas psicológicas contemporáneas (psicoanálisis en sus múltiples versiones, psicología de las relaciones objetales, psicología del desarrollo, psicología evolutiva, psicología infantil, etc.) han afinado bastante la elaboración y la naturaleza de este «ego» que podemos considerar un constructo psicológico, que es ciertamente parte de Prakriti y que, si bien tiene una cierta continuidad y coherencia, en tanto que serie de patrones cognitivos, afectivos y conductuales, no constituye nuestra identidad profunda. Para este nivel de nuestra aparente identidad sirven tanto los análisis conductistas y cognitivistas como el enfoque constructivista y enactivo, tal como hemos visto en E. Thompson. Y, por supuesto, el análisis del budismo, pues si algo queda claro en él es que el conjunto de agregados psíquicos no son *atman*; en ellos no hay *atman*. Es el nivel que podríamos considerar puramente psicológico y en el que la ciencia de la psicología tiene mucho que decir.

b) *La identidad anímica* correspondería al alma en un sentido bastante tradicional, digamos platónico-occidental y yóguico clásico. En este sentido, en terminología del Samkhya de Ishvarakrishna y el Yoga de Patañjali, se caracteriza por ser no ya parte de Prakriti, sino un *purusha*, término que ya hemos visto que suele traducirse como «espíritu». No es un algo, un proceso energético, sino un alguien, un yo, nuestra mismidad profunda. Proponemos el término «sujeto autoconsciente» para sintetizar la variedad de vocablos utilizados en este sentido. Es nuestro ser anímico, ser álmico, sujeto que engarza y sostiene, cual hilo dorado, las perlas que constituyen nuestras múltiples vidas anteriores. Curioso resulta que tanto en la tradición órfico-pitagórico-platónica como en la tradición vedántico-yóguica la reencarnación constituya uno de los pilares de la antropología integral que estamos tratando de diseñar. De este modo diríamos que el alma es la misma, el mismo sujeto autoconsciente, a lo largo de todas las encarnaciones. Desde el principio hasta el fin. Sería, por utilizar aquí el término orteguiano, «sempiterna», dura lo que dura todo el tiempo, pasado-presente-futuro.

Si traemos a colación las ECM, que nos han acompañado en este viaje, las fascinantes experiencias que narran serían las experiencias del alma, libre del cuerpo, en esas dimensiones sutiles que acabamos de mencionar. En algunos de los autores mencionados dentro del neohinduismo, correspondería al *caitya-purusha*, el *purusha* que habita en el espacio del corazón (*hrdaya-akasha*). Esta es la «chispa de lo Divino» que habita en todo lo existente, convertida en «llama» que ilumina el camino del ser humano y guía su evolución. Ni que decir tiene que una de las experiencias centrales en la vida humana, tal como la conocemos, consistiría justamente en la «experiencia del alma». Digamos que nuestra conciencia, habitualmente identificada con nuestra personalidad y nuestro ego (siendo este el centro coordinador de aquella), puede expandirse hasta alcanzar al verdadero sujeto anímico que se halla detrás de esas tres vestiduras, esos tres cuerpos, vehículos o instrumentos de nuestra manifestación.

La «meditación silenciosa» en el sentido inicialmente establecido puede utilizarse también como práctica de interiorización capaz de revelarnos el esplendor de nuestra propia alma, nublada por la identificación con los instrumentos que ella misma emplea. La experiencia del alma es experiencia de paz profunda, de armonía interior, de gozo sereno, de amor transpersonal, de autoconciencia pura, de ser el testigo que contempla amorosamente cuanto ocurre en el campo de la personalidad egocentrada. Acaso pueda lanzarse la hipótesis de que una de las experiencias a las que tenía acceso el iniciando en las Escuelas de Misterios de la antigüedad (misterios eleusinos en Eleusis, misterios de Isis y Osiris en Egipto, misterios mitraicos, etc.) era justamente la de desvelar la existencia de la propia alma, del mundo espiritual. En ese sentido, decíamos que la ECM puede considerarse tanto una experiencia mística transreligiosa como una experiencia iniciática universal.

c) *La identidad espiritual*. Bastaría la dimensión álmica esbozada, sobre todo si parte de una experiencia, capaz de ampliar la visión de la razón a través de nuestro intelecto, del ojo del alma (el *nous* y la nóesis platónica), para abrir todo un mundo nuevo y una comprensión del ser humano diferente de la actualmente dominante. Por no tener en cuenta la ampliación de sentido producida si junto con el despertar del alma se produce el despertar de algunas de sus facultades naturales, generalmente veladas por la identificación con la personalidad y el ego, como la telepatía, la clarividencia, la visión o recuerdo de las propias vidas anteriores, la visión de y comunicación con seres que habitan en esas dimensiones sutiles, sin cuerpo físico, etc. Pero no queremos detenernos en eso aquí, pues resulta secundario para nuestro propósito.

Por identidad espiritual queremos significar dos cosas. Y para ello vamos a distinguir entre el sujeto espiritual y el campo de conciencia de este. Introducimos aquí la distinción entre los contenidos de la conciencia, el campo de la conciencia y el sujeto de ese campo y sus contenidos. En el caso de la identidad egoica, el campo de conciencia es muy reducido, así como muy limitados son sus contenidos. En el caso de la identidad anímica, la conciencia goza de una expansión mucho mayor, y ya hemos insinuado el tipo de contenidos a los que puede tener acceso, de manera muy breve, ciertamente. Pues bien, queremos abrirnos a la posibilidad de una identidad espiritual, el polo superior del alma, y que ya no es sempiterna, como esta, sino sencillamente «eterna», en el sentido preciso de «atemporal». En la terminología que estamos proponiendo en este punto, aunque hasta entonces hemos empleado distintos términos de manera equívoca, ambigua, con un significado amplio, podríamos considerar que estamos ante el yo-como-espíritu-individual. Si nuestra identidad álmica era el yo-como-alma-individual y su sempiternidad le permitía vivir un proceso de evolución en la manifestación espacio-temporal, viajando por las múltiples dimensiones del cosmos multidimensional, el espíritu, al que proponemos denominar también «mónada», pero no en el sentido leibniziano de mónada cerrada, sino, antes bien al contrario, como mónada abierta, a través del alcance universal de su conciencia, y abierta no solo desde su mirada de águila desde la atemporalidad y la inespacialidad, sino también y en primer lugar como apertura constitutiva a la Realidad última, la

Conciencia absoluta, la Persona infinita, lo In-finito. Es decir, la mónada espiritual, el espíritu individual se halla en permanente comunión con la Trascendencia, el Misterio, lo In-finito.

Repárese en que la Presencia devastadora de lo In-finito se revela ahora no como idea puesta por Dios, entendido como el Tú totalmente Otro, sino justamente como nuestra propia Identidad más profunda, lo que proponemos llamar Identidad última o Identidad Suprema.

d) *La identidad última, suprema.* Tocamos el misterio supremo, la Realización y Plenitud de lo humano al sentirse y saberse simultáneamente todo ello. Solo así alcanzamos una verdadera integralidad. El ser humano tiene la potencialidad de ser la Totalidad (conciencia universal, conciencia cósmica) y lo Infinito, sin perder por ello su Individualidad espiritual. La identidad egoica es ciertamente pasajera, efímera, construida, volátil, cambiante, vulnerable. La identidad anímica es permanente-en-el-tiempo, todo el tiempo, con su conciencia ampliada. La identidad espiritual monádica, es eterna, uno de los infinitos rostros del Infinito. La identidad suprema y última es la Realidad no-dual, el Sujeto absoluto, la In-finita trascendencia. Y tú eres, también, y sin dejar de ser todo lo demás, ni siquiera en la Realización última, en la Liberación primera, en la Salvación final, Eso (*Tat*), la Plenitud que hace estallar los límites de toda experiencia y los límites de toda razón. Estallido integrador que produce el abrazo entre lo finito y lo Infinito, entre el alma y Dios, entre *atman* y Brahman. Abrazo que contiene no solo el mundo, sino también a todas las otras almas.

***

La presencia del In-finito en nosotros, el pensamiento de su Plenitud, provoca la auto-trascendencia del pensamiento, genera un
éxtasis que en realidad no nos lanza fuera de nosotros mismos,
sino que, a modo de énstasis, nos permite «caer-en-sí», descanSer,
descansar en el Ser.[1]

El corazón, desbordado de gozo, rompe las fronteras de la
razón y ambos se suman al abrazo cósmico, vislumbrando en
silencio el Gran Sentido.

***

Al dirigir la mirada hacia Oriente, hacia la India en especial, uno
de los riesgos es desembocar en una especie de «religión de huida
del mundo». Si nuestra esencia es el alma, el espíritu, el Infinito,
¿qué sentido tienen el cuerpo, las emociones, los pensamientos?
¿Concluiremos que son parte de *maya*, de esa ilusión cósmica
que priva de sentido profundo a todo cuanto acaece aquí, en la
manifestación, en la Tierra, en la historia? ¿Es nuestra meta última
el vuelo hacia el Uno, entrar en nirvana, ascender a los Cielos,
fundirnos cual gota de agua en el Océano de Amor supracósmico,
sentarnos a la diestra de Dios-Padre?

No. En el enfoque integral que aquí estamos defendiendo y
que no reivindica ser más oriental que occidental ni más místico que racional, el Gran Sentido abarca también el mundo del

1.   Véase Vicente Merlo, *Meditar es descansar en el Ser: meditación esencial y
meditación integral*, Mandala, Madrid, 2020. Hay traducción al portugués: *Meditar
é Descan-Ser: Meditaçao Essencial e Meditaçao Integral*, Centro Lusitano de
Unificaçao Cultural, Lisboa, 2023.

Devenir, el Tiempo, la Evolución (no solo biológica, de las especies, sino también de la conciencia, del alma), la mente, el corazón afectivo y el cuerpo físico. Y todo ello implica no solo la plena conciencia de los niveles superiores de nuestro ser (álmico, monádico, adváitico), sino también la profunda transformación de los preciosos instrumentos que nos acompañan en este peregrinaje, en el que lo Sagrado está no solo en la meta, sino también ya en cada uno de los pasos. Por ello, cultivar la mente, el pensar profundo, la razón discursiva, la inteligencia intuitiva, la capacidad crítica, el discernimiento, la calma y el silencio mental, son aspectos importantes del trabajo con la razón mental, nuestra capacidad de comprensión, aunque la transformación apunte hacia una inteligencia intuitiva que ofrezca los datos a la razón discursiva, hacia una conciencia supramental que bañe el funcionamiento de nuestra mente racional.

Del mismo modo, todo el mundo afectivo, con su riqueza de emociones y sentimientos, ha de ser igualmente valorado y transformado. Cada estado anímico y cada estado emocional posee su propia frecuencia vibratoria, por así decirlo, su propia calidad y textura, y el trabajo interior consiste, entre otras cosas, en transformar el plomo de las emociones y los sentimientos pesados, egocentrados, tóxicos (la rabia, la ira, la envidia, los celos, el pesimismo, etc.) en oro que brilla al transmutarse en sentimientos anímicos (la paz profunda, el gozo de ser, la alegría sin objeto, el amor incondicional, la serena felicidad, etc.).

En todo ello, la vida relacional, las relaciones interpersonales y el cuidado de la naturaleza y de todos sus reinos se convierte en un inmenso y constante campo de trabajo gozoso donde las cualidades anímicas anteriores, pues hay también una afectividad transpersonal, se desplieguen y recreen en la convivencia, en las relaciones humanas a todos los niveles.

¿Y el cuerpo? ¿Hay que seguir considerándolo como una carga, un fardo, un peso que nos ata a la tierra y nos impide ser libres? ¿Es nuestro objetivo deshacernos de él cuanto antes, ya que es algo no solo accidental, secundario, prescindible, sino incluso carne presta a quebrar nuestros propósitos y nuestras mejores intenciones? ¿Lo consideraremos ocasión de pecado, creación de algún demiurgo malvado, cadenas kármicas que nos atan al samsara? No. El cuerpo lo consideramos realmente como el templo del espíritu, el preciado vehículo del alma, maravilla de la Naturaleza que se pone a la altura del Espíritu, cuando son capaces de abrazarse. Sin duda, dado el pasado «animal» de nuestro cuerpo, algunos instintos, algunas tendencias, ciertas motivaciones tienen que ser transformados, iluminados, armonizados. Pero, una vez sublimados y transfigurados, impregnados de espíritu, también ellos se convierten en expresiones gloriosas de la esencia espiritual que subyace a todo lo existente.

El objetivo no es, pues, liberarnos de este mundo material, liberarnos del samsara, liberarnos del cuerpo y de la mente —«destructora de lo real», se le ha llamado– y gozar de nuestra naturaleza espiritual, allá en otro mundo, en un mundo incorpóreo, en algún cielo trascendente, en un nirvana-pura-vacuidad, sino colaborar en la Voluntad suprema (que es, en el fondo, la nuestra), en el Propósito sagrado, que no sería otro que traer el Cielo a la Tierra, vivir el nirvana en el samsara, ser plenamente libres pero en el mundo, en el cuerpo. Un mundo transformado. Un cuerpo transfigurado.

Otra de las características de este no-dualismo integral es que supera el individualismo tan presente en la cultura moderna y postmoderna (o ultramoderna), pero también en muchos enfoques espirituales antiguos y tradicionales. Ahora la humanidad y especialmente los individuos que de algún modo caminan a la vanguardia de la misma guiando los pasos de esta son muy conscientes de que constituimos una totalidad, que «todos somos uno», una especie de oleada evolutiva unificada que, pese a la dispersión y fragmentación de los niveles más superficiales de la conciencia, tanto de la individual como de la colectiva, se hermana, a modo de fraternidad universal, con todos los otros seres humanos, al menos en los niveles más profundos de la conciencia, como no podía ser de otro modo en una Conciencia no-dual. Y, si profundizamos más todavía, la interconexión e inter-(in)-dependencia vemos que abarca a todo lo existente, a todos los reinos de la Naturaleza: mineral, vegetal, animal, humano... y quizás más allá, a modo de un quinto reino, del que gozarían las almas liberadas, conscientes de que la Liberación, la Salvación, no es ya una cuestión individual, sino, en el fondo, una cuestión humana-colectiva, una cuestión planetaria, y quizás más allá también. Quién sabe.

Bibliografía

Abellio, Raymond. *La structure absolue: Essai de phénomenologie gé-netique*, Gallimard, París, 1965.

Alexander, Eben. *La conciencia infinita: el viaje de un neurocirujano al corazón del universo consciente,* Sirio, Málaga, (2019, orig. 2017).

Dasgupta, Surendranath. *Hindu Mysticism*, Motilal Banarsidass, Delhi, 1987 (1ª ed. 1927).

Ferrer, Jorge N. *Revisioning Transpersonal Theory*, SUNY, Nueva York, 2002. [Versión en castellano: *Espiritualidad creativa. Una visión participativa de lo transpersonal*, Kairós, Barcelona, 2003.]

Ferrer, Jorge N., y Jacob Sherman (eds.), *The Participatory Turn: Spirituality, Mysticism, Religious Studies,* SUNY, Nueva York, 2009. [Versión en castellano: *El giro participativo. Espiritualidad, misticismo y estudio de las religiones*, Kairós, Barcelona, 2011.]

Gadamer, Hans Georg. *Verdad y método*, Sígueme, Salamanca, 1991.

Greyson, Bruce. *Después de la muerte*. Vergara, Barcelona, 2021.

Grof, Stanislav. *La mente holotrópica: los niveles de la conciencia humana*, Kairós, Barcelona, 1994.

—. *El juego cósmico: exploraciones en las fronteras de la conciencia humana*, Kairós, Barcelona, 1999.

—. *Cuando ocurre lo imposible: aventuras en realidades no ordinarias*, La Liebre de Marzo, Barcelona, 2008.

Hadot, Pierre. *Plotin ou la simplicité du regard*, Galimard, París, 1997. [Versión en castellano: *Plotino o la simplicidad de la mirada*, Alpha Decay, Barcelona, 2004.]

Heidegger, Martin. *Nietzsche*, Ariel, Barcelona, 2008.

—. *Sendas perdidas*, Losada, Buenos Aires, 1986.

Heisig, James. *Filósofos de la nada: Un ensayo sobre la Escuela de Kioto*, Herder, Barcelona, 2002.

Hick, John. *Death and Eternal Life*, Westminster John Knox Press, 1994.

Husserl, Edmund. *Meditaciones cartesianas*, Tecnos, Madrid, 2006.

Huxley, Aldous. *La filosofía perenne*, Edhasa, Barcelona, 1998.

Ilárraz, Felix, y Óscar Pujol. *La sabiduría del bosque*, Trotta, Madrid, 2003.

James, William. *Variedades de la experiencia religiosa: un estudio sobre la naturaleza humana*, Trotta, Madrid, 2017.

Katz, Steven (ed.). *Mysticism and Philosophical Analysis*, Oxford University Press, Nueva York, 1978.

—. *Mysticism and Language*, Oxford University Press, Nueva York, 1992.

King, Richard. *Orientalism and Religion: Postcolonial Theory, India and «The Mystic East»*, Routledge, Londres, 2003 (1ª ed. 1999).

Kingsley, Peter. *En los oscuros lugares del saber*, Atalanta, Girona, 2006.

Levinas, Emmanuel. *Totalidad e infinito: ensayo sobre la exterioridad*, Sígueme, Salamanca, 2013.

—. *Fuera del sujeto,* Caparrós, Madrid, 1997.

Merlo, Vicente. *Eres inmortal: experiencias cercanas a la muerte y un mapa del más allá*, Siglantana, San Cugat, 2024.

—. *Ensayo para una comprensión integral de la Bhagavad Gita*, Nous, Madrid, 2024.

—. *La reencarnación: un viaje a través del tiempo; desde la antigüedad hasta nuestros días*, Siglantana, San Cugat, 2025.

—. *Meditar es descansar en el Ser: meditación esencial y meditación integral*, Mandala, Madrid, 2020.

Patañjali. Óscar Pujol. (traducción, introducción y comentarios), *Patañjali: Yogasutra, los aforismos del Yoga*, Kairós, Barcelona, 2018.

Radhakrishnan, Sarvepalli (trad., notas e intro.). *The Principal Upanishads*, Allen & Unwin, Londres, 1968.

Ramana Maharshi. *Conversaciones con Sri Ramana Maharshi* (2 tomos), Ignitus/Sanz y Torres, Madrid, 2006.

Ring, Kenneth. *Lessons from the Light*, Moment Point Press, New Hampshire, 2000.

San Miguel de Pablos, José Luis. *Desvelando la inteligencia artificial: La consciencia NO es algoritmo*, Siglantana, Sant Cugat, 2025.

Tanabe, Hajime. *Philosophy as Metanoetics*, University of California Press, Berkeley, 1986.

Thompson, Evan. *Waking, Dreaming, Being*: *Self and Conciousness in Neuroscience, Meditation and Philosophy*, Columbia University Press, Nueva York, 2014.

—. *Why I am not a Buddhist*, Yale University Press, Connecticut 2022.

Van Lommel, Pim. *Consciencia después de la vida*, Atalanta, Girona, 2002.

Varela, Francisco, Evan Thompson y Eleanor Rosch (eds.). *The Embodied Mind: Cognitive Science and Human Experience,* The MIT Press, 1993. [Edición en castellano: *De cuerpo presente. Las ciencias cognitivas y la experiencia humana*. Gedisa, Barcelona, 2011.]

Wallace, Allan. *Felicidad genuina: la meditación como camino a la eudemonía*, Eleftheria, Barcelona, 2017.

Wilber, Ken. *La religión del futuro*, Kairós, Barcelona, 2018.

—. *Sexo, ecología y espiritualidad* (2 vols.), Gaia, Madrid, 1996-1997.

Zubiri, Xavier. *Inteligencia sentiente* (3 vols.: *Inteligencia y realidad; Inteligencia y logos; Inteligencia y razón*), pero sobre todo su obra *El hombre y Dios*, en Alianza. Sociedad de Estudios y Publicaciones, Madrid, 1985.